JN291509

監修者——佐藤次高／木村靖二／岸本美緒

［カバー表写真］
ローマ進軍
（バッラ作、1932-35年頃）

［カバー裏写真］
マリネッティの肖像画
（カッラ作、1910-17年頃）

［扉写真］
ローマのエウル計画都市

世界史リブレット 78

ファシズムと文化

Tanokura Minoru
田之倉稔

目次

時代概念としてのファシズム

ファシズム▲とは何か、を一般的に定義するのははなはだ難しい。もちろん二十世紀のある時期、イタリアで形成されたあるイデオロギーをファシズムと名づけることは可能である。しかし、それをほかの思想なりイデオロギーなりに適用しようとすると、新たな困難と混乱が生じる。ちょうどマフィアというシチリアの結社がロシア、コロンビア、さらには中国の犯罪集団の呼称にまで使用されると、本来のマフィアの語は拡散して、シチリアの歴史と文化にたいする考察がないがしろにされてしまう経緯と似ている。

したがって、ドイツ占領下のフランスを専門としている研究者アンリ・ミッシェルが、まずこういったエピソードを紹介せざるをえなかったのも理解でき

▼ファシズム　本論では「ファシズム」の語は名詞として使用し、人・形容詞としては「ファシスト」の語を使用する。つまり「ファシズム期」「ファシズム体制」は「ファシスト期」「ファシスト体制」とする。「ファシズムの時代」や「ファシズムの文化」は、「の」を省いて、形容詞として使用する場合、「ファシスト時代」「ファシスト文化」となる。

る。かつてのフランスの大統領ジスカールデスタンが「海外協力隊」の一隊員から「ファシスト」扱いされ、またそのときの閣僚の一人が議会で共産党の代議士を「ファシスト」と決めつけた。一方、中国とソ連はおたがいを「ファシスト」呼ばわりした。ソ連の百科事典では長いあいだド・ゴール将軍は「ファシスト」と規定されていた。逆に西側の見方では「スターリニスト」は「ファシスト」と同じ意味をもつに違いない。さらにはアルゼンチンのペロンやチリのピノチェトを「ファシスト」の系譜に並べる者もいるだろう。そんなわけで「ファシズム」の概念はかぎりなく広がっていく。

とりわけ、第二次世界大戦後は相手を攻撃するさい、その思想的立場がどうであれ、「ファシスト」という烙印を押すことは戦略的に極めて有効であった。それほど「ファシズム」は負の絶対性を表徴していた。そこで先述のアンリ・ミッシェルはいう。「このような事実をまのあたりにするにつけても、ファシズムが民衆の意識のなかにのこした傷痕がいかに深く、かつ大きかったかを、いまさらのようにおもいしらされる」（『ファシズム』長谷川公昭訳）。

よって、ここではファシズム概念の拡大は避けることにする。時代という限

▼ヴァレリー・ジスカールデスタン（一九二六～　）　フランスの政治家。経済問題の専門家。一九六六年「独立共和派」という政治グループを結成。通産大臣などを歴任したのち、七四年大統領に当選（～八一）。保守的な思想傾向のある政治家といわれている。

▼スターリニスト　第二次大戦後しばらくして、党内反対派や知識人をおそったソ連の「粛清」の実態が知られはじめるとともに、西側社会では「スターリン批判」が起こった。スターリンの専制主義と暴力性が激しく批判された。そうしたスターリンの否定的な側面をみせる政治的人間がこう呼ばれることが多い。

▼フアン・ドミンゴ・ペロン（一八九五～一九七四）　アルゼンチンの政治家。戦後の好況を背景に大衆、とくに広い労働者層の支持を受け、一九四六年大統領に当選。しかしその政治体制はしだいに独裁的になり、五五年軍部のクーデタによって失脚、亡命するが、七三年六月帰国する。熱狂的に歓迎され、ふたたび大統領に選ばれた。

定をつければ、ファシズムはドイツのナチズム、日本の軍国主義を含むが、直接的にはある時期のイタリアのイデオロギーとそれを原理とする政治体制を指す。その頂点に立っていたのが時の首相ムッソリーニだった。「首相」というより「ドゥーチェ▲＝統帥」というほうがつうじやすい。ファシスト党以外を認めなかったのだから、「独裁者」といってしかるべきである。

　ムッソリーニが政権の座にいるあいだ、国家の利益に反する行為や思想は抑圧した。行為は取り締まりやすかったが、思想と関係のある文化は取り締まりにくかった。硬直した体制のもとでは、柔軟な思想の持ち主は擬態をとる方法を知っていた。ナチズムの体制下にあっては擬態さえ困難であったのに、イタリアのファシズムは監視がゆるかったとする視点もあるが、それを認めない視点もある。しかしこの時期イタリアでは、文化の領域では意外な試みや目論見が実行に移されていたのも事実である。ファシスト・イデオロギーと抵触しないものもあったし、ひそかにそれに抵抗する思想をもっていたものもある。むろんイデオロギーとは無縁のものもあった。

　ウンベルト・エーコ▲は『永遠のファシズム』のなかでこんなことをいってい

▼ウガルテ・ピノチェト（一九一五〜二〇〇六）　チリの軍人（元帥）で、政治家。一九七三年軍部を使ってクーデタを起こし、民主的な政治体制を敷いていたアジェンデ大統領を殺害。翌年から九〇年まで大統領を務めたが、独裁者として君臨し、大量殺人の責任を疑われている。九八年ロンドンで逮捕され裁判にかけられたが、高齢のため釈放され、帰国した。

▼ドゥーチェ　頭領・指導者・案内人を意味するラテン語の「ドゥックス」に由来する。ローマの帝王カエサルなどに使われたが、ムッソリーニが政権について、絶対的な権力を掌握したころからこう呼ばれるようになった。日本では「統帥」の語があてられた。

▼ウンベルト・エーコ（一九三二〜二〇一六）　記号学・美学・文学理論と広い学問の領域で活躍するが、近年は小説家としても盛名をはせている。『開かれた作品』『記号論』『ウンベルト・エーコの文体練習』のほか、小説としては『薔薇の名前』『フーコーの振り子』『前日島』などがある。近刊に『カントとカモノハ

る。「ナチス建築はひとつ、ナチス芸術もひとつです……。反対に、ファシズムの建築家は何人もいて、かれらの建てた似非コロッセオの横には、グロピウス▲の近代合理主義の息吹を受けたあたらしい建築物も並んでいるのです」。また、ファシズム期のイタリアにベルガモ賞というのがあった。これに資金を提供していたのが、「ボッタイ▲という教養人で相当寛大なファシストだった。芸術のための芸術を庇護し、ドイツでなら〈頽廃的で隠れ共産主義的〉とレッテルを貼られそうな、ニーベルンゲン的〈キッチュ〉の対極にある前衛芸術がもたらすあたらしい経験だけを受け入れたのです」(和田忠彦訳)と続けている。

ただ「だからといって、イタリア・ファシズムが寛容だったというわけではありません」と釘をさすことも忘れてはいない。エーコによれば、イタリアのファシズムは「ファージー」な全体主義だった。「ファシズムは一枚岩のイデオロギーではなく、むしろ多様な政治・哲学思想のコラージュであり、矛盾の集合体」だったことになる。こんなところがファシスト上層部の視線から逃れる余地をつくりだしたのかもしれない。

ファシズムという政治体制やイデオロギーの陰に、とくに文化の領域で、そ

シ』がある。

▼ヴァルター・グロピウス(一八八三～一九七〇) ドイツの建築家・デザイナー。ベルリンで活動したのち、一九一九年美術工芸学校として有名なバウハウスを創設し、校長に就任。家具から建築にいたる造形芸術の教育に専念する。三四年ドイツを離れ、まずロンドンに、それからアメリカに移住する。晩年の建築としてはアテネのアメリカ大使館(五六～六一年)などがある。

▼ジュゼッペ・ボッタイ(一八九五～一九五九) ファシズムの思想には早くから共鳴し、ムッソリーニ体制の中枢で活動した政治家であったが、文化に関心のあるジャーナリストとしても活躍し、『クリティカ・ファシスタ』という雑誌を創刊した。ファシスト政府の大評議会のメンバーだったが、一九四三年の反ムッソリーニの陰謀に加担したために、アルジェリアに逃れた。戦後恩赦を与えられて、イタリアに帰国した。

ボッタイ

▼フランシスコ・フランコ（一八九二〜一九七五）　一九三六年スペインの総選挙で人民戦線派が勝利し、共和国が成立したのであるが、これに反旗を翻し軍事蜂起した右派国民戦線軍の指導をとったのがフランコだった。翌年にはフランコは首都マドリッドを制圧し、市民戦争を終結させる。ただちに国家元首となり、四〇年近くにわたって独裁的な体制を敷いた。

れ以前の時代には試みられなかった表現形態が生まれていた。このあたりに拡大鏡をあててみることにする。歴史の考察には複眼的視点が必要である。かつてスペイン市民戦争について林達夫という思想家がこんな風な意味のことをいっていたのを思い出す。「フランコ▲の時代を研究するには、人民戦線側の資料だけではなく、フランコとその体制を支持した人たちにかんする資料も参照しなくてはならない」。これはファシズムについてもいえることである。

　この角度からファシズムにアプローチする人はあまりいない。おそらくこれは危険な作業だからだろう。危険とは、イタリアのファシスト体制を生きた文学者・思想家・芸術家に深くかかわると、ファシスト体制を肯定する立場に立つとみなされかねないという意味である。いうまでもないが、本書はあくまでもムッソリーニの政治体制やファシズムというイデオロギーの批判を前提としている。ファシズムと文化の関係を調べるにあたって、まずこのことを確認しておきたい。

①—ファシスト政権の成立から終焉まで

若き社会主義者ムッソリーニ

一九二二年十月末ムッソリーニが首相となって政権の座についてから、四三年七月国王の命により逮捕されるまでの、二一年間にわたるファシスト体制期は「イル・ヴェンテンニオ」と呼ばれている。なぜムッソリーニが時の国王ヴィットーリオ・エマヌエーレ三世▲によって、組閣を命ぜられるにいたったかは、ファシスト党を結成し、その党首になるまでの彼の生の軌跡をたどってみる必要があろう。

ムッソリーニは一八八三年、中部イタリアのフォルリ地方にある小さな村ドヴィア・ディ・プレダッピオで生まれた。母は小学校の教師で、父は鍛冶《かじ》の職人だったが、社会主義やアナーキスムに共感をよせていた。ベニートという名も父がメキシコの社会主義者フアレス▲にあやかってつけた。ベニート自身は一九〇〇年には社会党に入党している。一九〇二〜〇四年には兵役を忌避してスイスに亡命している。ここで多くの社会主義者たちと面識をえ、イタリアに社

▼ヴィットーリオ・エマヌエーレ三世（一八六九〜一九四七）　一九〇〇〜四六年までイタリアの国王であり、同時にエチオピア国王とアルバニア国王を後年かねることになる。ファシスト政権の成立に決定的な役割をはたす。四三年イタリアを逃れ、エジプトに亡命し、アレクサンドリアで死去する。

▼ベニート・パブロ・フアレス・ガルシア（一八〇六〜七二）　一八六一年メキシコの大統領に就任。フランスはハプスブルク家のマクシミリアン大公をメキシコ皇帝に擁立し、植民地化をはかったが、メキシコ軍はフランスを破り、共和制を樹立した。六七年フアレスは大統領に再選。「建国の父」といわれている。

会主義的思想を広めようとした。

イタリアに帰国後はさまざまな社会党のパンフレットや雑誌の発行にかかわっていった。当然のことながらイタリアとリビアとの戦争▲には反対で、そのためのデモンストレーションをおこない、のちの社会党の指導者となるネンニとともに反戦活動の罪で投獄された。一九一二年、社会党の機関紙『アヴァンティ』▲の主幹となり、一四年にアンコーナ▲という都市で起こった反体制の暴動(「赤色週間」と呼ばれている)を支持したのみならず、蜂起をうながす檄を飛ばしている。

一九一四年に勃発した第一次世界大戦では、イタリアは参戦せずに中立を宣言していたが、国内の参戦賛成派の圧力に押され、しだいに参戦にかたむいていった。ムッソリーニも最初は中立の立場をとっていたが、やがて賛成派にまわる。このあたりから彼の右旋回が始まる。『アヴァンティ』には出入りを禁止され、さらに社会党からも除名されるといった仕打がいっそうムッソリーニを反社会主義的行為と暴力を有効とみる行動へと追いやっていった。

戦中から戦後にかけてムッソリーニは産業資本との結びつきを強めながら、

▼リビア戦争　一九一一年九月、ジョリッティ政府はオスマン帝国に宣戦布告をし、アフリカのリビアの領有をねらって戦争を起こした。イタリアはこれを「リビア戦争」と呼んでいる。リビア領有についてはは英・仏との了解にもとづいていたといわれているが、オスマン帝国とリビア側の抵抗が激しく、イタリアは都市部と海岸線の制圧しかできなかった。しかしムッソリーニの時代に全土に支配権を確立した。

▼『アヴァンティ』　アヴァンティとは「前進」という意味で、共産党も党歌に使った用語。一八九六年、ローマで創刊された社会党の日刊紙。一九二六年ファシスト政府によって発行禁止となるが、政権の崩壊が間近になった四四年復刊した。九三年廃刊。

▼アンコーナ　マルケ州にある港湾都市。アドリア海に面している。海上貿易で繁栄し、十三世紀には独立共和国となった。経済的にも要所となる都市であったが、軍事戦略上の拠点として重要な位置を占めた。

ナショナリスティックな思想をあらわにしていった。一九一九年三月、ミラノに「イタリア戦闘ファッシ」というグループを組織した。この年総選挙に立候補するが、落選。この年の四月、戦闘ファッシの活動家はミラノの『アヴァンティ』紙の事務所を襲撃した。これはファシスト的行為の始まりであった。二一年には時の首相ジョリッティ▲の陣営にはいって当選。一方で暴力的な活動家を煽動し、都市や農村部社会主義者や平和主義者を同志に攻撃させた。このようなかたちで政権奪取への具体的な戦略を実践に移していった。国家転覆には集団的暴力がもっとも有効であるとムッソリーニは確信していた。「ローマ進軍」は着々と準備されていったのである。

ファシスト党の政権奪取

一九二一年、ファシスト運動を推進していた活動家たちは、この年のローマ大会で党組織をつくるという決定を表明し、ここにムッソリーニを党首とする「ファシスト党」が発足した。ミラノで結成された「戦闘ファッシ」は全国的な規模の「政党」へと拡大された。この時期、政府のほうはというとジョリッ

▼ジョヴァンニ・ジョリッティ（一八四二〜一九二八）　一八八二年国会議員に当選し、クリスピ内閣のもとで蔵相を務めた。九二〜九〇年まで首相（第一次ジョリッティ内閣）。いったん首相の座をおりたのち、一九〇三年に首相に返り咲き、一四年までイタリアの政治を統治（第二次ジョリッティ内閣）、この期間は「ジョリッティの時代」と呼ばれている。一九年政界に復帰し、最後のジョリッティ内閣を組織するが、二一年ボノーミに首相の座をゆずる。二十世紀初頭のイタリア史でもっとも重要な政治家。

▼イヴァノエ・ボノーミ（一八七三〜一九五一）　社会党に二十代に入党したが、保守的な思想をもった政治家。イタリアのリビア侵攻を支持して、一九一二年社会党を除名された。第一次世界大戦にさいしては参戦主義者。二一年ジョリッティのあとを継ぎ、首相となったが、翌年六月ファクタと交代した。

▼ルイージ・ファクタ（一八六一〜一九三〇）　ジョリッティの政治的な盟友で、ファシスト党が「ローマ

進軍」を組織したときの首相。これに戒厳令をもって対抗しようとしたが、国王の勅許がえられず、辞職した。ファシスト体制の成立にあたって、判断の誤りを指摘されている。

新政府樹立の命を受け、ローマ駅に到着したムッソリーニ（一九二二年十月三十日）

ティが退陣し、ボノーミ▲、ファクタ▲と首相がかわり、政治的危機が表面化し、政府の弱体ぶりも国民の前に明らかになった。

ムッソリーニは好機きたると内心政権獲得への自信を強めた。新しいファシスト党の地方支部はしだいに力をつけ、「ローマ進軍」の機は熟していった。そのきっかけはこの年の十月に開かれたナポリ大会であり、二十七日の朝ファシストたちはいっせいに行動を開始した。同時にその他の地方支部に所属する党員も多数ローマ周辺に結集した。その三日後の朝、ムッソリーニはミラノからローマに着くと、ただちにクイリナーレ宮へと向かった。イタリア国王は戒厳令の発布を要求していたファクタ首相を斥け、ムッソリーニに組閣を求めた。かくて新しいファシスト政府の閣僚が選ばれ、ムッソリーニ政権が緒についた。

マッテオッティ事件

時の国王はヴィットーリオ・エマヌエーレ三世だったが、皇太后のマルゲリータがファシスト党の戦略にことのほか好意をいだいており、ムッソリーニに政権を委ねるという態勢は国王の側ではすでに準備されていたのである。

これがあったからこそ政局はすみやかにファシスト体制へと移行し、また国民の目には政治の「正常化」が実現したように映った。下院もムッソリーニに全権を委ねることに同意した。一九二四年四月におこなわれた総選挙ではファシスト党は過半数以上の票をとり、ムッソリーニ政権は磐石《ばんじゃく》の政治体制を敷くかと思われたが、この年、政権をゆるがすような危機がムッソリーニをおそった。

六月十日、社会党議員のマッテオッティ▲が登院の途中何者かに誘拐された。これはあきらかにファシストの犯罪であると野党ばかりか世間もみなした。というのはマッテオッティは、一〇日前の議会で、四月の総選挙におけるファシスト党の不正行為を激しく非難し、選挙の無効を訴えていたからである。マッテオッティは過激なファシスト分子によって殺害され、ローマ郊外にうめられた。八月中旬遺体が発見され、ローマでは市民による大規模な反ファシストデモが組織された。野党もムッソリーニの辞職を求め、議場を放棄した。古代ローマ共和国の故事に倣って、議会のボイコットを「アヴェンティーノ派▲の分離」と呼んでいる。ムッソリーニはこの犯罪を下部組織の責任にしようとしたが、ファシスト党が党首に反旗を翻す様相になってきた。ムッソリーニは外部

▼ジャーコモ・マッテオッティ（一八八五〜一九二四）　裕福な家庭に生まれたが、社会主義の信奉者だった。一九一九年社会党から立候補し、当選。ただちにファシズム批判を展開。二四年五月ファシスト党の勝利した総選挙の不正を議会で攻撃した。六月登院の途中ファシスト党の過激分子によって誘拐、殺害された。

▼アヴェンティーノ派　アヴェンティーノはローマの七つの丘の一つ。ローマ共和国時代の紀元前四九五年、平民だったガイウス・グラクス一派が、貴族に抗議して、この丘に引きこもった。この故実にちなんでムッソリーニの専制的態度に抗議して、議会への出席と審議を拒否した国会議員は「アヴェンティーノ派」と呼ばれた。「アヴェンティーノ派」は、マッテオッティ殺害事件後、大きな反ファシスト運動を組織し、ムッソリーニ政府を危機におとしいれるが、結局ファシスト側にきりくずされ、ファシズムの定着を阻止できなかった。

一九二六年ころのムッソリーニ(自宅にて)

と内部から最大の危機をむかえたが、幸い国王が彼を見限らなかった。それにアヴェンティーノ派議員の連帯にも乱れが生じ、結局ファシズム政権の打倒は成功しなかった。

翌二五年一月、ムッソリーニは議会でアヴェンティーノ派議員を恫喝《どうかつ》するような演説をおこない、一気に攻勢にでた。議会の外でもファシスト党突撃隊員の暴力が猛威をふるい、反ファシズム闘争は壊滅していった。以後国家に反対する党の解散、ストライキやロックアウトの禁止といった労働者にたいする弾圧へと政治は進み、ファシスト党一党独裁の色彩が強まっていった。ムッソリーニはすべての閣僚を凌ぐ地位をもつ「ドゥーチェ(統帥)」の称号をもって呼ばれ、国家権力の頂点に立つことになった。

野望と終焉

一九二九年二月、ファシスト政府とヴァティカンの教皇庁とのあいだでラテラーノ条約が調印された。これは一般に「和解条約」ともいわれ、イタリアの統一以来ぎくしゃくとしていた両者の関係に終止符が打たれた。イタリアの国

無名戦士の記念碑の前でヒットラーと並び立つムッソリーニ（一九三八年）

民はほとんどがカトリック教徒である。ムッソリーニはファシズム化できない教皇庁の国民にたいする影響力を恐れた。そこで公共教育に宗教を導入することや国家の宗教をカトリックと認めることなどに同意した。これで政権は国民のいっそうの支持をとりつけることができた。

国内でファシスト体制を強固にしていったうえで、つぎにムッソリーニは外国の領土への野心をあらわにしていった。ほかのヨーロッパの列強国に倣って、アフリカへと触手を伸ばした。三四年ころからエチオピアに侵略を開始し、ついに三六年五月首都アディス・アベバを占領した。ムッソリーニはヴェネツィア広場に集まった大群衆を前にエチオピアがイタリア王国に併合されたことを宣言した。さらにアルバニアやリビアにも侵攻していった。イタリアはしだいにドイツと歩調をあわせ、フランス・イギリス・ギリシアにまで宣戦を布告した。イタリアは四〇年には日独伊三国同盟を結び、アメリカをはじめとする連合国を相手に第二次世界大戦を戦うことになった。しかしアフリカ戦線でもロシア戦線でも敗色は決定的となり、ファシスト政権の崩壊は目前に迫った。四三年七月ムッソリーニは国王の命で逮捕され、いったんはドイツ軍に救出され、スイスへと脱出をはかったが、パルティザンに発見され、処刑された。こうして絶対的な権力を誇った一人の独裁者の時代は終わった。

こうした経緯のなかで、ファシスト期の文化・芸術面がどのような展開をなしたか、文学・演劇・音楽・映画・美術・建築など一つずつみていこう。

『フィガロ』紙の未来派創立宣言

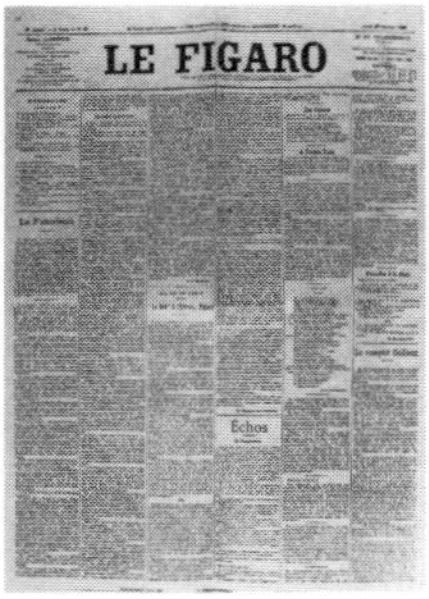

▼「未来派創立宣言」　未来派はイタリアにあらわれた芸術革新運動で、伝統的なイタリア文化にたいし、まず死を宣言し、その後再生を祈願した。彼らは文化のすべての領域（美術・音楽・演劇・文学・建築など）を点検し、新しい文化を創造しようと試みた。マリネッティがパリで発表した「創立宣言」は一一項目から成り立っている。未来主義運動の特徴をあらわしている項目を三つ掲げておく。一「われわれは、危険への愛と、活力と無謀の習性をうたいたい」。二「勇気、大胆、反乱がわれわれの詩の本質的な要素となるだろう」。九「われわれは、世界の唯一の健康法である戦争、軍国主義、愛国主義、無政府主義者の破壊的な行動、命を犠牲にできる美しい理想、そして女

②—前衛と体制

「未来主義」——二十世紀最初の前衛的運動

周知のように、一九〇九年二月に「未来派創立宣言」▲がフランスの日刊紙『フィガロ』に掲載された。以後マリネッティ▲を指導者とする文学者や芸術家は「未来派」を名乗り、前衛的な芸術運動を開始した。彼らはそれを「未来主義」と呼び、イタリアばかりかヨーロッパ・南北アメリカ・アジアにまで運動が広がることを計画した。実際、未来主義の呼びかけは広範な地域で反応を起こし、前衛的精神を刺激した。

マリネッティたちは当初イタリアの芸術を変革することを主眼としていたのだが、しだいに「文化革命」のような主張を盛り込んでいく。となれば当然政治問題が前面にせりだしてくる。未来派は芸術・文化の領域をこえて、イタリアという国そのものを攻撃の対象としていった。イタリアは古代ローマの遺跡やルネサンス・バロック美術などの遺産で生きている「どこよりもダメな国」だった。未来主義にたいして「過去主義」という言葉をつくりだし、イタリア

を否定した。とくにヴェネツィアは「過去主義的都市」として攻撃された。かわってミラノが可能性を秘めた「未来主義的都市」として称賛された。

　創立を宣言してから五年後に、第一次世界大戦が勃発した。イタリアは「中立」という立場をとって、参戦を見合わせた。未来派はこの政策に異議を唱え、激しい反対運動を展開した。ミラノの市内でオーストリアの旗を焼くなどの、派手な街頭パフォーマンスをおこない、ジャーナリズムに話題を提供した。さらにいっこうに中立の政策を変更しない政府にたいして、「反中立服」と称する衣装をつくって、街頭を行進した。こうした未来派の行動が効果をあげたのかどうかは疑問だが、世論は参戦にかたむき、政府も中立政策を撤回した。一五年五月オーストリアに宣戦を布告し、フランス・イギリスなどの国々の側に立って、第一次大戦を戦うことになった。

　ムッソリーニもすでに述べたように、かつては反戦主義者だったが、この時期を境に参戦主義者になっていった。自らも未来派に倣って戦線に赴いた。戦闘に参加した未来派のなかでは、最年長で指導者的地位にあった画家のボッチョーニ▲が戦死した。一八年に戦争は終結したが、イタリアは参戦の対価とし

性蔑視に栄光をあたえたい」(以上井関正昭訳)。なおこの「創立宣言」には前文がついている。これは宣言の意味と未来主義運動の性格をよく解き明かしている。

▼**フィリッポ・トンマーゾ・マリネッティ**(一八七六〜一九四四)　一九〇五年『ポエジーア』という詩の雑誌を創刊し、これを未来主義運動の母体とする。第一次世界大戦では参戦派として、さまざまな運動を展開した。以後ムッソリーニに接近し、一九年にはファシスト党に公認され、総選挙に立候補したが、落選。しかしムッソリーニとは生涯思想と行動をともにする。

▼**ウンベルト・ボッチョーニ**(一八八二〜一九一六)　未来派絵画と彫刻の代表的芸術家であり、理論家であった。自然主義的な作風から抽象主義に向かう。一九一五年第一次大戦ではほかの未来派とともに戦線に赴き、戦死する。「街は起つ」という絵や「空間における瓶の展開」という彫刻などの作品がある。

て約束されていた領土の割譲を連合国から認められなかった。これが世論を憤激させ、ダンヌンツィオ▲のような文学者が、義勇兵を率いて、イタリアに帰属するはずだった都市フィウメ▲を占領することになった。占領にいたる過程は「フィウメ進軍」と呼ばれ、ムッソリーニが「ローマ進軍」を興すにあたって、モデルとなったといわれている。マリネッティも同様にナショナリズムを標榜する芸術家となり、ムッソリーニに接近する。ムッソリーニのほうも、未来派の街頭運動や大衆煽動のパフォーマンスは、ファシスト体制の確立に有効であると判断したようである。

ファシズムに傾斜する未来派

マリネッティは芸術から政治へと活動の支点を移動していった。戦後すぐ未来派政党を結成し、一九一九年五月、「ファシスト党」の前身となる「戦闘ファッシ」の設立を宣言したファシスト集会に参加した。ここでムッソリーニとの共闘を表明し、ファシスト党も政権獲得の暁には未来主義を国家の芸術政策とすることを約束した。しかし事態はそうはなっていかなかった。ムッソリー

▼**ガブリエーレ・ダンヌンツィオ**（一八六三〜一九三八）　詩人・小説家・劇作家。行動的な文学者として盛名をはせた。第一次大戦にはイタリアの参戦を主張し、自らも戦場に赴いた。図はフィウメの司令官として閲兵するダンヌンツィオ。

▼**フィウメ**　アドリア海に面した港湾都市。当時はユーゴスラヴィアの領土であったが、イタリア系住民が多数を占めるという理由で、イタリア政府は領土権を主張した。しかし第一次大戦後開かれたパリ講和会議では列強はそれを認めなかった。一九一九年九月ダンヌンツィオは、義勇兵を募って、この都市を占領したが翌年末イタリア政府は武力を

●―カッラ「魅惑的な部屋」(一九一七年)

●―右からマリネッティ、カッラ、ボッチョーニ、ルッソロ

●―ボッチョーニ「槍騎兵の突撃」(一九一五年)

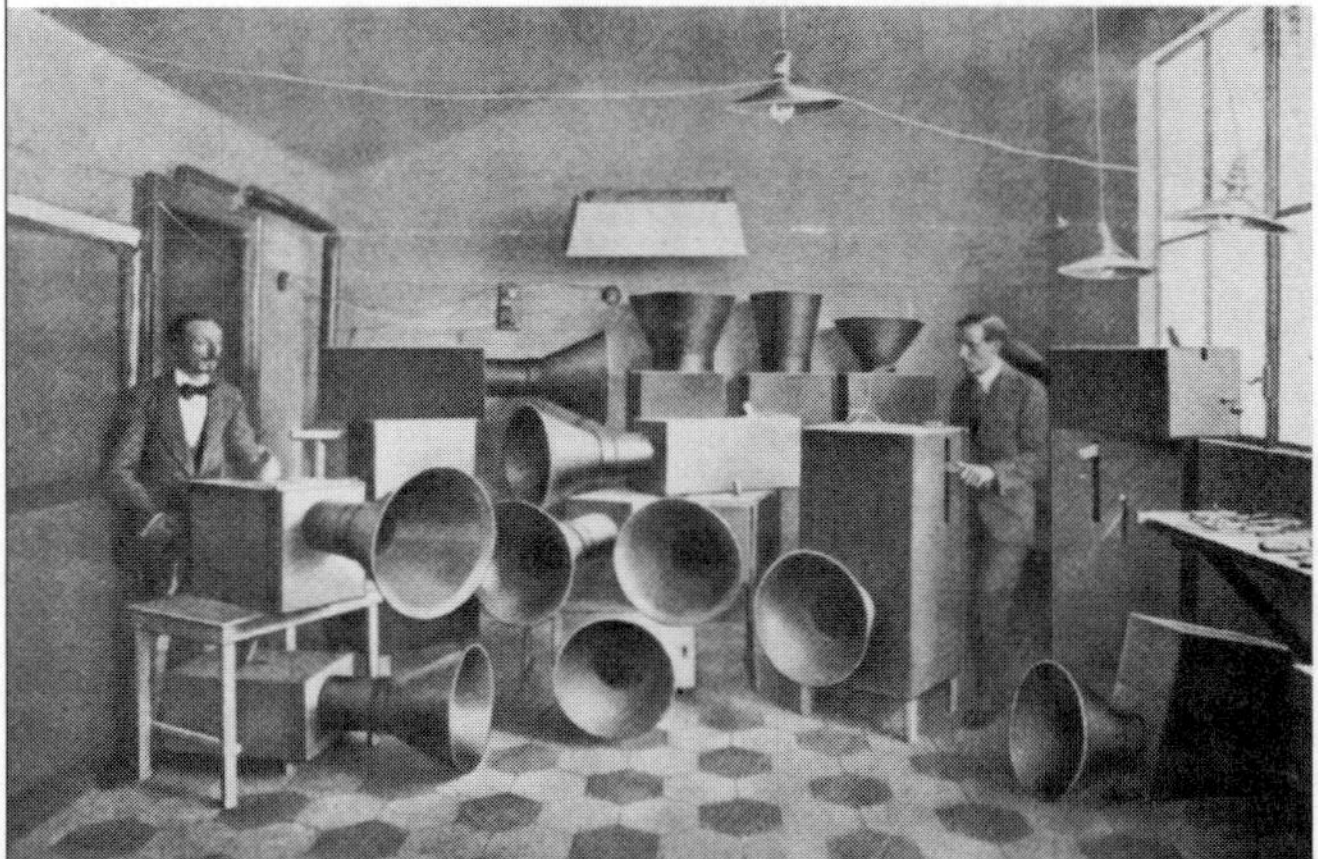
●―ルッソロ「イントナルモーリ」

ニ体制が成立すると、未来主義は急速に初期の前衛的エネルギーを失って、芸術的な成果は後退していった。内部分裂も起こり、「ノイズ音楽▲」を実践し、世界に衝撃を与えたルッソロ▲はファッショ化した未来派を離れていったし、カッラ▲やセヴェリーニ▲のような美術家も非政治的な立場をとり、独自の絵画表現を探究していった。

一〇年代にはヨーロッパの芸術表現の先端に立つような実験的な手法を駆使して、詩・美術・音楽などの表象芸術の領域でめざましい成果をあげていたのに、二〇年代になると未来派の創造行為はしだいに色あせてきて、ファシスト国家の文化政策に追随するようになってきた。

ムッソリーニもロシア革命に倣って、二二年の政権奪取をファシスト革命と呼んだが、国王と教皇とを打倒することができなかった。つまり共和国を樹立し、自らが元首となることはできなかった。しかし新しい政党のイデオロギーを「前衛」と規定して、体制の革命性を国民に訴えた。この「前衛」という共通項がファシズムと未来派を結びつけた。マリネッティはファシズム＝前衛という評価に立って表現活動を続けた。一方、ムッソリーニのほうは体制を確立

もってそれを排除し、フィウメは国際連盟管理下の自由都市となった。現在はクロアチア領で「リエカ」という。

▼ノイズ音楽　ルッソロが未来派の理念に従って、まずピアノやヴァイオリンのような伝統的楽器に疑義を出し、ノイズを奏する「イントナルモーリ」という楽器の製作に成功した。これは電気楽器の祖型であり、ノイズ音楽は電子音楽やアメリカの前衛的な音楽への道を用意した。

▼ルイージ・ルッソロ（一八八五～一九四七）　作曲家・画家。一九〇九年未来派に参加し絵を発表したが、一三年「ノイズ芸術宣言」を出し、規制の音楽概念に挑戦した。さまざまな楽器を開発し、ノイズ音楽の作曲を試みた。

▼カルロ・カッラ（一八八一～一九六六）　十代の終わりにパリとロンドンに滞在し、印象主義やターナーに強い影響を受ける。一九一〇年「未来派画家宣言」と「未来派絵画技術宣言」に署名した。しかし数年後には未来派を離れ、「メタフィジ

カ絵画」へと接近していった。

▼**ジーノ・セヴェリーニ**（一八八三〜一九六六）　十代の終わりにボッチョーニと親交を結び、一九一〇年未来派に参加。しかし印象主義絵画の影響を受け、具象的絵画に傾斜していった。「ノヴェチェント絵画展」にも出品した。「青いダンサー」という未来派的作品がある。

セヴェリーニ「黒猫」（一九一一年）

すると、芸術的な前衛への支持を放棄し、正常化という名の保守的な芸術、すなわち国家に奉仕する芸術様式を要請しはじめた。

二九年、ファシスト政府はイタリア王立翰林院《かんりんいん》を設立し、会員に任命することによってファシズムを支持する文化人に栄誉を与えた。会長にはダンヌンツィオが任命された。もちろんマリネッティも会員に選ばれた。彼も齢《よわい》五十半ばに近くなり、未来派としての革新性は創作作品からは失われていた。三〇年代になって「航空詩宣言」をはじめとするいくつかの宣言集を出したり、詩や戯曲を発表するが、世界からは完全に無視された。エチオピア侵略戦争や第二次世界大戦の戦線に参加するが、もはやそこには芸術家の姿はなかった。かつて未来派が展開した演劇的集会や街頭パフォーマンスはファシスト国家の大衆戦略のなかに吸収されていった。その意味ではムッソリーニの文学の政治化という戦略は成功したということができる。

ファシズムを逆手にとった演劇人

未来派のリーダーが活力を失っていったのにたいして、ファシズムを利用し

▼アントン・ジューリア・ブラガーリア（一八九〇〜一九六〇）　カメラマン・映画監督・演出家・舞台美術家・演劇評論家・ジャーナリストと八面六臂の活動をした芸術家。十代で未来派に参加した。一九二〇年代から四〇年代にかけて、革新的な演劇運動を展開した。『ローマの仮面』など著作も多い。

ブラガーリア『革命の演劇』表紙

ながら、革新的なエネルギーを失わなかった演劇人がいた。ブラガーリア▲である。彼は十代の末に未来派に参加したが、百科全書的な知識の持ち主といわれた。前衛的な写真や映画を製作したかと思うと、マイムや仮面、ジャズやダンスにかんする関心も公にした。第一次世界大戦が終わるとすぐ、「ブラガーリア芸術の家」という演劇センターを設立し、数々の実験を始めた。とくに旧態依然とした自然主義的舞台装置を廃し、当時外国で出現しつつあった抽象主義的な舞台美術を創造した。

二二年に「独立芸術家劇場」を創立し、小さなスペースで実験的な演劇活動を続けていたが、二九年『革命の演劇』という書を出版し、演劇の重要性を訴えた。ブラガーリアはムッソリーニにたいする書簡を同書の序文とした。そのなかでせっせと国家の支援を要請し、つぎのような文章でもって締めくくっている。

……運命の意志によってこの八年というもの革命を求める独立劇場は閣下の足元に身を横たえております。また閣下の意志によって自己を守り、生きながらえてきております。すべての幸運は閣下からやってきていますし、われわれのすべての希望は閣下の手にいまだ委ねられています。ドゥーチェ殿、どうかわれわれを信者たちの住む暗い洞穴から引っ張りだしてください。どうか信念に勝利を与えてください。

ブラガーリアは、演劇は歴史的に保護を必要としており、ファシスト国家は演劇のメセナ足るべきであると主張した。ファシズムは政治の革命ではあったが、演劇の革命にはまだなっていないというのが彼の考えだった。ムッソリーニに直接、国家は劇場をもつべきであると説いた。ドゥーチェはブラガーリアの主張に心を動かし、二万人を収容できる巨大な野外劇場を構想するにいたったし、大衆を対象とした大スペクタクルの上演にたいする協力をも約束した。

ブラガーリアが希求したのは、文学としての演劇ではなく、視覚的な舞台芸術としての演劇だった。彼はファシスト体制を演劇の発展に必要な制度として支持したし、自らパフォーマンスを統括する組織の秘書も務め、政府の文化政策に積極的に協力した。三〇年代にはいってから、「独立芸術家劇場」を「芸術劇場」と改称し、若い前衛的な作家の作品や当時イタリアでは知られていなかった外国の戯曲を上演した。そのなかにはワイルダー▲やオニール▲などが含ま

▼ソートン・ワイルダー（一八九七〜一九七五）　アメリカの小説家で、劇作家。アメリカ演劇に支配的だった自然主義的傾向から演劇を引き離そうと試みた。一九三八年に発表した『わが町』は大成功し、彼の名を世界に広めた。日本でも何度も上演されている。

▼ユージン・オニール（一八八八〜一九五三）　アイルランド出身のアメリカの劇作家。青年時代は転々と職業を変えたが、二十代の半ばころから戯曲を書きはじめ、世に認められるようになった。一九三六年にはノーベル文学賞を授与された。自伝的な作品『夜への長い旅路』がよく知られている。

れていた。特筆すべきは、ブレヒト▲の『三文オペラ』を上演したことであろう。こうしたブラガーリアの非国粋主義的な演劇活動が過激なファシスト活動家の反感をかったのはいうまでもなかった。政権の終盤であったが、四三年にファシスト突撃隊に彼の小さな劇場が攻撃を受け、破壊された。ファシスト体制の最中に着手した道化劇や仮面劇にかんする研究は戦後に発表されると、これからの演劇の方向を指し示すものとして高く評価された。

遅れてきた前衛ピランデッロ

イタリアばかりかヨーロッパの演劇史のなかで不動の地位を与えられている劇作家がいる。ピランデッロ▲である。確信的なファシストであったにもかかわらず、その作品は第二次世界大戦後も西欧世界では絶えず上演されている。いま「確信的ファシスト」といったのは、二四年に起こった「マッテオッティ事件」の直後、彼はムッソリーニに直接電報を送り、ファシスト党への入党の意志を表明しているからである。「閣下、私が沈黙のうちにつちかい、いつもつかえてきた信念を表明するのに、今が最も好都合な時であると感じております。

▼**ベルトルト・ブレヒト**（一八九八〜一九五六）　ドイツの劇作家であったが、新しい演劇理論の提唱者でもあった。一九一九年『バール』という戯曲を発表し注目された。彼の名を一躍世界に広めたのは、資本家と権力者を揶揄した『三文オペラ』（二八年）だった。三三年にヒトラー政権をきらって、アメリカに亡命。戦後は東ドイツで活動。

▼**ルイージ・ピランデッロ**（一八六七〜一九三六）　小説家であったが、劇作家として世界に知られている。『シチリアのレモン』（一九一〇年）から遺作『山の巨人たち』（三六年）にいたるまで多くの戯曲を発表しているが、やはり『作者を探す六人の登場人物』（二一年）が、二十世紀演劇を変革した作品として記憶されている。

ピランデッロ

もし閣下がファシスト党に入党するに私が値するとお考えくださるのでしたら、ただ一介の従順な党員という地位をたまわることを最大の名誉といたしたいと存じます」(G・ジュディチェ『ピランデッロ伝』安保大有訳)というのが電報の内容だった。

二一年五月ローマのある劇場で『作者を探す六人の登場人物』が初演された。ピランデッロはイタリアの文学界ではすでに名の知れた小説家であり、劇作家であった。上演されている戯曲も十数本にのぼっていた。しかし劇作家としては国際的にはほとんど無名であった。やがて彼の代表作となる『六人』(以後このように略記)も初演のときは大失敗で、観客の憤激さえかった。しかし「なにもない空間」で始まる稽古のような劇中劇は、伝統的な劇構造を無視した、前衛劇だった。『六人』はただちにイタリア以外の演劇人に知られるところとなり、二二年七月ジョルジュ・ピトエフという著名な演出家によってパリで上演されることになった。これが大成功で、一躍ピランデッロの名を世界に広め、彼を「時の劇作家」に仕立てあげた。五十四歳という作家の晩年に書かれた、まったく新しい構造をもった演劇は、二十世紀の演劇に大きな影響を残す作品

『作者を探す六人の登場人物』初演の役者たち

ピランデッロがアメリカに巡業したときのポスター(一九二三年)

となったのである。日本でも二四年に築地小劇場で上演されたほどである。パリ初演以後、欧米のさまざまな都市で上演され、ニューヨークでは「ピランデッロ・シーズン」が企画されたほどだった。実際ニューヨークでは七〇回以上も上演され、外国の現代劇としてはめずらしく大ヒットした。ピランデッロも招待され、その歓迎ぶりにいたく感激している。

ファシズムと近代

未来主義に通底していた「近代憧憬」は、ファシズムにも継承されていった。イタリアは「近代化」という側面で、ほかのヨーロッパ諸国に立ち遅れているという意識が文化人のなかにあった。ムッソリーニも国外におけるイタリアの評価に大いなる関心をいだいた。アメリカにおけるピランデッロの成功はファシスト政権の統治するイタリアの評価にもつうじた。一九二三年に帰国するなり、ピランデッロは政府官邸のキージ宮にまねかれ、ムッソリーニに労をねぎらわれた。彼はすっかりこの独裁者の人柄に魅了されてしまった。六日後ローマの日刊紙にムッソリーニを賛辞する文章を寄稿している。これにはいささか反体制的知識人も驚いた。しかしムッソリーニにとっては国家の国際的な威光にさらに輝きを与えるイタリア人の一人としてピランデッロは登場した。

　その意味ではアメリカのボクサーを倒し、世界ヘビー級チャンピオンとなったカルネラ▲も同じだった。アメリカにたいする勝利はファシズムの勝利でもあった。カルネラもキージ宮に招《よ》ばれ、賛辞の言葉を賜った。ムッソリーニは自転車競技やサッカーをはじめとするスポーツ全般を国威発揚の機会と考えていた。後年イタリアがオリンピックやサッカーのワールドカップで輝かしい成績をえたのも、ファシスト・イデオロギーの成果であった。文化もまたスポーツと等価であった。したがって、ムッソリーニは革新的な演劇として『六人』が担った意味などについてはまったく理解していなかった。この知的感受性の欠如した人物をやがてピランデッロは「俗物」呼ばわりすることにはなるが、この時期にはイタリアの救世主として敬意をはらっていた。「マッテオッティ事件」を境に、失墜の危機にみまわれたムッソリーニを救うには、いまや国際的な名声を手にいれた自分が連帯を表明し、激励するしかないとピランデッロは考えた。それがファシスト党入党の動機だった。

▼プリーモ・カルネラ（一九〇六〜六七）　ウーディネ（イタリア東部）出身のボクサー。一九三三年アメリカのボクサー、ジャック・シャーキーを破って、世界ヘビー級チャンピオンとなるが、翌年破れてその座を失った。身長は二メートルをこえる巨漢だった。

反ファシスト体制の抵抗

さすがに反体制的知識人たちは、ピランデッロの「入党宣言」には衝撃を受けた。「マッテオッティ事件」を契機に一気にムッソリーニ政権を打倒する勢力を結集しようとしていただけに、気勢をそがれた。国際的な盛名をあげつつあったピランデッロの名を活用しようという希望はくじけた。ピランデッロの意志が不変なのを知って、反体制運動を指導していたアメンドラ▲は、「見下げた男」と軽蔑した。反ムッソリーニの旗幟《きし》を鮮明にした知識人たちは、いっせいに彼に抗議の手紙を宛てた。その数は数十人にのぼった。ピランデッロは「仕事と芸術しか関心のない」非政治的人間であると自分を規定している。たしかにこれから劇団活動を続けていくには、国家の庇護が必要である。とすればムッソリーニに経済的な援助を求めなければならない。国家はメセナであるとピランデッロはみなしていたようである。

一九二五年、ほかの演劇人とともに彼は劇団を設立し、「芸術座」と名づけた。もちろん国家の承認はえていた。ムッソリーニはかねてからの敬意に報いるために、助成措置を講じた。彼の劇団の旗揚げの日の公演にはムッソリーニ

▼**ジョヴァンニ・アメンドラ**（一八八二〜一九二六）　反ファシズムの信念を最後まで貫いた政治家。社会主義者ではあったが、同時にナショナリストでもあった。ファクタ内閣の閣僚としてファシストの「ローマ進軍」を阻止しようとしたが、できなかった。ファシスト突撃隊に何度か襲撃された。カンヌでそのときの傷を治療しているあいだに死去した。

ピランデッロ、稽古風景（一九二八年）

芸術座のポスターとピランデッロ（一九二五年）

も臨席した。「芸術座」は国立劇場ではなかったが、ドゥーチェの構想にははいっていたようである。ピランデッロは特別な国家援助に満足し、外に向かって自分はファシストであることを公言していた。このあたりから反ファシズム闘争も鎮静化し、国外に亡命する知識人もふえてきた。ムッソリーニ政権は一党独裁の基盤をますます強固にしていった。

　ピランデッロの戯曲はイタリア以外の都市でさらに上演されていったが、彼のほうは劇団を創立して以来国内巡業を重視して、自分の戯曲をしきりと上演した。もちろん国外からも巡業の要請はきた。二七年ブラジルからの要請があって、彼は劇団を率いて公演に行った。南米はイタリア移民が多かったので、ピランデッロ演劇の興行成績ははなはだ良かった。このブラジル公演のとき、ジャーナリストを相手に「外国にいれば、ファシストも反ファシストもない。われわれはすべてイタリア人である」と語った。この発言はすぐ党の知るところとなり、帰国するや党幹部は彼を叱責した。彼はあくまで外国ではファシスト政府の文化使節でならなければならなかったのだ。

　ピランデッロは党の態度に激怒し、党員証を破り捨てて、党のバッジを床に

▼**ジャン・フランチェスコ・マリピエーロ**(一八八二〜一九七三)　作曲家・指揮者。音楽一家に生まれる。一九一〇年代から作曲を始め、反ロマン派的な作品を多く書いた。特筆すべきはモンテヴェルディの全作品を校訂したことであろう。

たたきつけ部屋をでていった。たしかに党員としての身分は破棄しなかったが、しだいにファシスト政府とは距離をおくようになっていった。イタリアにいるよりも外国、とくにドイツやフランスに長期滞在することが多くなったのもファシズムにやや嫌悪感をもちはじめたからだった。ただ創作のほうは順調に進んでおり、『各人仮説』『今宵は即興劇で』といった前衛的な手法で書かれた劇中劇三部作も完成し、『六人』の作家としての地位は二十世紀演劇史のなかでも定着した。

孤高の劇作家

一九二九年にマリネッティらの文化人と並んで、ピランデッロも翰林院の会員に任命された。しかし彼はもうこのような栄誉を素直に喜ぶファシストではなくなっていた。いかめしい制服を着て並ぶ、年老いた会員たちの姿を見て、のちに「骸骨の観兵式」になぞらえた。この比喩にはもちろんムッソリーニの前に同じ姿で立つ自分にたいする自嘲も込められていた。

三四年三月、マリピエーロ▲という同時代の作曲家がピランデッロの『取り替えられた息子の物語』をオペラ化し、ローマのある劇場で発表した。これは身体に障害のある北欧のある国の王子が、シチリアで療養をしたのち、本国へと無事帰り王位につくという民話風の戯曲なのであるが、音楽が暗く、無調的であり、しかも、作品にムッソリーニを王位簒奪《さんだつ》者とみなすかのような意図が隠れているといって、党の中枢は騒ぎ、上演中も妨害行為をおこなった。ムッソリーニも途中退席したが、ピランデッロにはとくに咎《とが》めはなかった。

この年の十一月、ノーベル文学賞がピランデッロに与えられると発表された。ファシスト国家はこの受賞をイタリア文学にたいする最大の栄誉ととらなかった。ムッソリーニはすでに自由主義国家を敵視していたからだろう。ピランデッロ＝ファシストはスウェーデン・アカデミーの賞の選考には障害とならなかったのだろうか。それともファシズムはまだ国際的に危険なイデオロギーとみなされていなかったのだろうか。釈然としないところはある。

十二月、ピランデッロはストックホルムの授賞式に出席した。そのあとにおこなわれたスウェーデンの記者とのインタビューで「自分は二〇〇％、ファシストである」と語っている。ノーベル賞のメダルも鉄不足に悩むファシスト国

ノーベル文学賞を受賞するピランデッロ（一九三五年）

家に供出してしまった。その内心とは別に外の目にたいしてはあくまでファシストとしてピランデッロは振る舞った。しかしムッソリーニはなんの感謝の情も示さなかった。受賞を記念する国家行事もいっさいおこなわれなかった。

ピランデッロは自分では忠実なファシストの姿勢を保っているつもりであったが、内務省の情報局には反ファシスト的言動が記録されていた。ファシスト党の内部では反ファシストへと転向する可能性をもった文化人のリストにあがっていた。監視機構はファシズムから遠ざかろうとする姿を見逃してはいなかった。

ファシズムとの決別

ピランデッロは、一九三四年ころから神話劇『山の巨人たち』を書きはじめ、その年には二幕まで完成していたが、三六年他界したとき、これは未完の作品として残された。なぜ完成させなかったのか。さまざまな推論が立てられている。いま細部にはいる余裕はないが、ピランデッロを国際的に有名にした戯曲『六人』と対をなす作品と考えられる。すなわち『六人』が登場人物を探した

『山の巨人たち』のミラノの舞台（一九六六年）

のにたいして、『山の巨人たち』の俳優たちは観客を探したのである。やっと探した観客とは山に住む巨人たちであった。彼らは未開の地を開拓する建設者であったが、俳優の演じる芝居を理解できず、舞台を破壊し、俳優を殺す。この遺作をどう読み取るかは後世の人びとに残された謎となっている。

三六年、イタリアはエチオピアをイタリア帝国に併合し、国中あげて祝賀にわいていた。その年の暮、十二月十日ピランデッロは息を引き取ったが、葬儀はもっとも質素におこない、遺体は火葬に付し、灰は海にまくという遺言を残した。このカトリックの葬送儀礼にいどむような遺言は遺族や周囲の者たちをやや困惑させた。

ファシストであることを生涯否定しなかった劇作家の葬儀は当然党葬か国葬になるものと思われたが、儀礼の次第を打合せにやってきた使者にたいして遺族は故人の遺言を盾に、党の関与をいっさい拒否した。ムッソリーニは使者の報告を聞いて、怒りをあらわしたといわれているが、国家はエチオピア征服に続くアフリカ問題に精力をつぎこんでおり、一劇作家の死にはさしたる重要性を与えなかった。

③—国家と音楽

憑依現象としての音楽

音楽という表現芸術はイデオロギーを伝達するのに適した媒体かもしれない。オペラの盛んな二つの国、イタリアとドイツが全体主義的イデオロギーに支配されたのは偶然の一致ではないようだ。音楽には酩酊を増幅し、認識力を鈍化する効果があるのかもしれない。群衆が一体となってある歌を合唱するとき、個人は意識の外へ飛び出して、ある精神の高揚状態に達することになる。こういう状態をトランス＝憑依《ひょうい》といってもかまわないと思う。

考えてみれば、ファシスト時代のイタリア国歌は奇妙なものである。国民はみな「青春よ、青春よ、美しさの春よ」と歌ったのである。この歌詞を読んで、そこにファシズムを見る人はまずいないだろう。ところがイデオロギーが「青春」という日常使われる語彙に盛り込まれたのである。未来派はイタリア文化も社会も政治もすべて「老衰」の兆候を見せていると断じた。イタリアには「死と再生」こそが必要であると喧伝《けんでん》した。ファシストたちも未来派の言説と

ムッソリーニがトリノのフィアットの工場にやってきたとき、集まった人びと（一九三九年）

行動を増幅させた。彼らは社会を混迷におとしいれながら、ラディカルな収拾の方法を提示した。ゆえにムッソリーニはファシズムの運動を「革命」と呼んだのである。まさに「老衰」したイタリアを回春させようとした。「青春」がファシズムのシンボリックな語彙となったゆえんである。ともに歌うということは、無意識的な連帯の発露でもある。「青春」は本来ファシズムの歌ではなかったが、ファシスト政権が成立すると、国歌に等しい歌と規定された。国民は「青春」をともに歌っているうちに、いつしか批判精神を忘れ、体制にコンセンサスを与えていた。

ファシスト体制は未来派と違って伝統的なイタリア文化をことごとく否定したわけではない。古代ローマ文化と政治を称揚し、それをファシズムの「偉大さ」と強引に結びつけた。古代ローマの広大な領土を示す地図はファシズム政権の崩壊した今もなおコロシウムとヴェネツィア広場を結ぶ大通りの壁に残されている。ムッソリーニはイタリア国民の虚栄心を刺激することの効果を知っていた。彼は古代ローマに倣ってファシズムのモニュメントを建造しようとした。その一つが「ムッソリーニ・フォーラム」というスタジアムだった。ファシスト体制という秩序が成立したとき、古代ローマばかりかルネサンス期からバロック期にかけての美術も再評価された。壁画やモザイクがファシスト期の美術に採用された。音楽の世界でも同様の現象が認められた。モンテヴェルディ▲、フレスコバルディ▲、ヴィヴァルディ▲、マルチェッロ▲といったルネサンスやバロック音楽への関心が高まった。一種の「先祖帰り」的風潮が広がったが、これは国民に集団的な幻想を植えつけようとするファシスト国家の戦略ともいえた。集団的な幻想はナショナリズムを喚起する場合が多い。イタリアの場合はファシズムの胚胎へとつうじた。

プッチーニの死とヴェリズモ期のオペラ

　オペラはイタリア人の誇るジャンルである。このオペラの領域で音楽的ナショナリズムがわきあがった。ヴェリズモ▲とはフランスの自然主義に同調するようなイタリアの文学的思潮であったが、これがオペラの世界を大きく変えた。「ポスト・ヴェルディ▲」の舞台をいろどったのはヴェリズモをオペラに導入した作曲家たちだった。プッチーニ▲、レオンカヴァッロ▲、マスカーニ▲、ジョル

▼クラウディオ・モンテヴェルディ（一五六七～一六四三）　ルネサンス期の作曲家。数多くのマドリガルを作曲。『オルフェオ』（一六〇七年）というオペラの名作を残した。

▼ジローラモ・フレスコバルディ（一五八三～一六四三）　作曲家・オルガン奏者。ローマの教会の専属奏者として活躍。

▼アントーニオ・ヴィヴァルディ（一六七八～一七四一）　作曲家・ヴァイオリニスト。聖職者だったところから「赤毛の司祭」と呼ばれていた。主としてヴェネツィアで活動。

▼ベネデット・マルチェッロ（一六八六～一七三九）　作曲家・文学者と同時にヴェネツィアの判事。『流行の芝居』（一七二〇年）という著作が有名。

▼ヴェリズモ　「真実主義」。フランスの「自然主義」がイタリア化した十九世紀末の文芸思潮。マスカーニ、レオンカヴァッロ、ジョルダーノ、プッチーニなどが「ヴェリズモ」の流れのなかにとらえられる。

ダーノ、チーレアなどが脚光をあびてきた。彼らはイタリア以外の国にあってイタリア・ブランドの魅力をおおいに発揮している存在だった。ファシスト政府が彼らに目をつけないはずはなかった。ただ『パリアッチ』を作曲したレオンカヴァッロはムッソリーニ政権成立以前に物故していたので、ファシズムの視点から取り上げることはできないのはいうまでもない。しかしプッチーニは「ローマ進軍」のときはまだ存命で、政権を奪取したばかりのムッソリーニのイデオロギーに共鳴していた。

　彼がヴェルディと並んでイタリア・オペラの栄光を担った音楽家であり、今でも世界のどこかでつねに彼のオペラが上演されていることはあらためて指摘するまでもない。そのプッチーニは、ファシスト政権が成立する以前、常々イタリア批判を口にしており、ドイツ好きを公言していた。その理由はイタリアには秩序がないが、ドイツにはあるということだった。彼のドイツ好きは第一次世界大戦の最中には批判の対象になりさえした。第一次大戦のあとにあっても彼はイタリアぎらいであったが、ムッソリーニが登場し、混乱をおさめはじめたとき、ファシスト・シンパに変身していった。本人は極めて非政治的な人

▼ジュゼッペ・ヴェルディ（一八一三〜一九〇一）　イタリア・オペラの頂点に立つ作曲家。処女作『オベルト、サン・ボニファーチョ伯爵』（一八三九年）から最後の作品『ファルスタッフ』（九三年）まで十数本のオペラを作曲したが、政治的関心も高く、イタリア統一運動の成功に貢献した。

▼ジャーコモ・プッチーニ（一八五八〜一九二四）　声楽曲も書いているが、オペラの作曲家として著名。『マノン・レスコー』で成功し、『ラ・ボエーム』（一八九六年）でスターダムにのぼる。続いて『トスカ』『蝶々夫人』などがある。

▼ルッジェーロ・レオンカヴァッロ（一八五七〜一九一九）　オペラの作曲家。一八九二年ミラノで初演された『パリアッチ（道化師）』の「プロローグ」で歌われるトニオ（バリトン）のアリアがヴェリズモのマニフェストといわれている。

▼ピエートロ・マスカーニ（一八六三〜一九四五）　オペラの作曲家。『カヴァレリア・ルスティカーナ』

間であったが、やはりショーヴィニズム(排外主義)は心情にあって、ファシズムの体制化によってイタリアはドイツ的な国になると思った。ビスマルクのような強権をもった人間がイタリアにあらわれることを願っていた。ムッソリーニはまさに彼の待望していた政治家だった。

彼は一九二四年にブリュッセルで病没したが、死の前年ムッソリーニと会い、すっかり魅了されてしまった。ムッソリーニも世紀末の音楽家のなかでは国際的にもっとも知名度の高かったプッチーニを誇りとしていた。政府はただちに音楽家を終身の上院議員に任命した。それ以前にすでにプッチーニはローマ建国記念日に演奏される「ローマ讃歌」を作曲していた。ローマ好きのムッソリーニは理想の音楽家像をプッチーニにかさねた。「ローマ讃歌」はのちに「ジョヴィネッツァ(青春)」、「王国行進曲」と並んで第三の国歌の扱いを受けた。しかしプッチーニはファシスト体制の恩恵をわずか二年しか享受できなかった。死後未完のまま残された大作『トゥーランドット』▲はアルファーノという作曲家によって完成された。ムッソリーニは大作曲家の死を悼む言葉のなかで、プッチーニはファシスト党に入党するつもりであったことを明らかにしたが、

のほかには『友人フリッツ』『ザネット』『仮面』などがある。

▼**ウンベルト・ジョルダーノ**(一八六七〜一九四八)　作曲家。フランス革命を題材にした『アンドレア・シェニエ』(一八九六年)が大成功。続いて世紀末のロシアの皇女をヒロインにした『フェドーラ』を発表。

▼**フランチェスコ・チーレア**(一八六六〜一九五〇)　作曲家・指揮者。『アルルの女』(一八九七年)と『アドリアーナ・ルクヴルール』(一九〇二年)が有名。

▼**『トゥーランドット』**　古代中国の宮廷の物語。謎をかけては、答えられなかった男を殺す姫の名が「トゥーランドット」。十八世紀ヴェネツィアで活躍した劇作家カルロ・ゴッツィの同名の戯曲をオペラ化したものであるが、ゴッツィはペルシアの民話に想をえたといわれている。

真偽のほどはわからない。しかし彼がイタリア・オペラの未来をファシスト体制に託していたことは事実である。

反ファシズムへの道を選んだトスカニーニ

プッチーニの遺作『トゥーランドット』は一九二六年ミラノのスカラ座で初演された。指揮棒を振ったのはトスカニーニ▲だった。ムッソリーニもこの記念公演に出席する予定だった。しかしトスカニーニはファシスト党の党歌「青春」を開演の前に演奏することを拒否した。これにはスカラ座側も困惑し、なんとか「青春」の演奏をおこなうよう説得したが、トスカニーニは自分をとるか、ムッソリーニをとるかと迫った。結局スカラ座はトスカニーニを選んだために、ムッソリーニの出席はとりやめになった。

しかしムッソリーニはトスカニーニを譴責《けんせき》しなかった。この指揮者が国際的に高い評価と尊敬をえていたからである。実際数年後スカラ座のオーケストラを率いて、彼がベルリン・ウィーンと巡業したとき、ドイツ・オーストリアの両国はこれ以上ないともいえる賛辞を呈したのである。ムッソリーニはイタリ

▼アルトゥーロ・トスカニーニ（一八六七〜一九五七）　指揮者。妥協をきらう強い性格は伝説的だった。スカラ座ではアンコールの要求に応じなかったし、開幕前のファシスト政府の国歌演奏も拒否した。一九三一年のボローニャ事件ののちイタリアを離れ、アメリカに移住した。ニューヨークで八十七歳までNBC交響楽団を指揮した。イタリアにおけるワーグナーの紹介者だった。

アが生んだこの不世出の指揮者の感情をそこねないほうが得策と考えた。

三一年トスカニーニはボローニャのあるコンサートの指揮をすることになっていた。「青春」の演奏はするのかと問われて、するつもりはないと答えた。これに憤慨した過激なファシストたちが彼を襲撃し、暴力をふるった。これは「ボローニャの殴打事件」として知られている。トスカニーニは身の危険を感じて、コンサートをキャンセルして、ミラノへもどってきてしまった。この事件は国際的な反響を呼び、トスカニーニを支援する声があがった。彼ははからずも反ファシズムのシンボルになってしまった。

本来トスカニーニは第一次大戦のさいは参戦主義者であり、ダンヌンツィオの占領したフィウメにもスカラ座オーケストラを従えて慰問公演をおこなっている。また反ファシズム運動を展開しようとしたクローチェ▲の署名要請も断っている。しかし「殴打事件」が彼を反ファシズムの側へと押し出した。まずスイスへと逃れ、それからアメリカへとわたった。その後NBC交響楽団の常任指揮者として優れた活動をしたことは広く知られているが、同時にニューヨーク在住のイタリア人亡命者たちとファシスト政権打倒を世界に呼びかけた。

▼ベネデット・クローチェ（一八六六〜一九五二）　哲学者・歴史家・思想家。イタリアの近代哲学史で中心的な位置を占める。とくに彼の美学理論は思想の世界に大きな影響を与えた。イタリアばかりかヨーロッパの近代史にかんする著作でも多大な業績を残した。反ファシズム運動のリーダーでもあった。

▼アルフレード・カゼッラ（一八八三〜一九四七）　ピアニスト・作曲家。十代のときパリに留学し、フォーレの弟子となる。ストラヴィンスキーやシェーンベルクの音楽の影響を受け、イタリア音楽の近代化を試みる。コンチェルトやシンフォニーのほかにバレエ曲やオペラもある。

▼オオトリーノ・レスピーギ（一八七九～一九三六）　オペラよりもシンフォニーの作曲家として知られているが、オペラも『王エンゾ』（一九〇五年）、『炎』（三四年）ほか数本ある。代表作は「ローマの泉」「ローマの松」など。ムッソリーニも彼の音楽を好んだ。

▼イルデブランド・ピッツェッティ（一八八〇～一九六八）　青年時代から演劇に興味を示した作曲家。デビューはダンヌンツィオの戯曲『船』の音楽。以後詩人と親交を深め、彼の戯曲を数本オペラ化している。オペラ以外にも数多くのシンフォニーを作曲している。

ファシスト体制へと接近するマスカーニ

プッチーニの華やかな存在と比較すると、マスカーニもジョルダーノもチーレアも、知名度は半減するし、上演される頻度もずっと少なくなる。また「ヴェリズモ」に属するオペラは現代性に欠けるという印象を与えはじめた。実際ヴェリズモを超克し、ドイツ、オーストリア、フランスと肩を並べられるような新しいイタリア音楽を創造しようとした音楽家が台頭してきていた。「八〇年世代」と呼ばれる音楽家たちだった。カゼッラ、マリピエーロ、レスピーギ、ピッツェッティなどがその世代に属していた。未来派の音楽家たちはプッチーニたちの甘美なメロディーを否定し、調性をも排除する過激な音楽理論を掲げたが、ヴェリスタ（ヴェリズモ期のオペラ作曲家）たちの大衆性を前にしては生き残れなかった。「ノイズ音楽」（一八頁参照）のような革命的音楽も生まれたが、継承されることはなかった。それどころか忘れ去られてしまって、再評価されたのは第二次世界大戦後だった。

「八〇年世代」の音楽家たちはファシスト国家とはある程度の距離を保ち、

▼『**カヴァレリア・ルスティカーナ**』　「田舎騎士」という意味。シチリアの作家ジョヴァンニ・ヴェルガの同名の小説(一八八〇年)をオペラ化したもの。初演以来つねに上演されており、間奏曲がとくに有名で、これだけ独立して演奏されることも多い。図は『カヴァレリア・ルスティカーナ』の初演のさいのスタッフとマスカーニ。

むしろ軋轢《あつれき》を避けた。ムッソリーニはレスピーギの音楽を好んでおり、翰林院《かんりんいん》の会員となる栄誉を与えているが、レスピーギのほうはファシズムには近づかなかった。古典音楽、とくにグレゴリアン聖歌の研究に専念した。マリピエーロもモンテヴェルディの研究と調査に打ち込んだ。カゼッラは未来派の影響を強く受けたので、ファシズムにからめとられそうになったが、たくみに身を遠ざけた。四人のなかでもっともファシスト国家に近いところにいたのはピッツェッティだろう。一九二七年、ムッソリーニは彼を音楽関係の広報係に任命しているし、三二年には国家に協力した音楽家として彼を表彰している。マスカーニがムッソリーニと接近していったころの音楽界はこのような状況であった。

　ムッソリーニの音楽にたいする趣味はかなり事大主義的だった。ヴェルディやプッチーニなどの大作曲家のオペラを偏愛したが、ベートーヴェンも彼の趣味にかなった音楽家だった。二七年、ウィーンでベートーヴェン没後一〇〇年を記念する行事が開催されたとき、ムッソリーニはマスカーニをイタリアの公式代表として派遣した。このころから二人の親密さはましていった。音楽的に

ローマのコスタンツィ劇場

いうとマスカーニの創造力はほとんど枯渇していた。二一年に発表した『小さなマラー』以来オペラを作曲していなかった。ただ一作『カヴァレリア・ルスティカーナ』だけが彼を著名にしていた。

その『カヴァレリア・ルスティカーナ』は一八九〇年五月、ローマのオープンしてまもないコスタンツィ劇場で初演された。このオペラはイタリアで絶賛されたばかりか、世界の注目をあび、二十七歳の若手作曲家はいきなりスターダムにのしあがった。この作品は今も世界のオペラ座のレパートリーにはいっており、レオンカヴァッロの『パリアッチ』と組み合わされてしきりに上演されている。ほとんど上演されることのないマスカーニのほかのオペラとは好対照である。『カヴァレリア』の翌年『友人フリッツ』、さらに世紀末から一九一〇年代にかけて、『イリス』『仮面をつけた役者たち』『イザボー』『パリジーナ』などのオペラを発表したが、その成功はイタリアの国境をこえることはほとんどなかった。マスカーニが『カヴァレリア』でえた名声をふたたび手にいれようと焦燥感をいだいたのは当然であった。

矛盾をはらんだマスカーニの修行時代

マスカーニは裕福な音楽家の家に生まれ育ったわけではなかった。パン職人の息子であったが、職人の道を歩まず、音楽家を志し、『ジョコンダ』を作曲したポンキエッリ▲を師として、ミラノの音楽学校で学んだ。音楽によって功名をえようとした彼にとって、ファシスト体制は自分がなりあがる絶好の機会であった。政治的な信条よりも、音楽家としての自分が社会的階層の上部に位置することを求めた。オポチュニストと呼ばれたゆえんでもある。その証拠に彼は自分の生まれた港町リヴォルノの造船場「ルイージ・オルランド」で起こったストライキに連帯を示している。

一九二一年一月に社会党大会が開かれたが、紛糾して、ついに分裂した。この大会に参加したグラムシ▲たちは共産党を結成するにいたるのであるが、そこにはイタリアをも震撼させたロシア革命の影響がおおいにあったことは確かである。これとは別にマスカーニはリヴォルノの文化人であったがゆえ、ストライキの支援を呼びかけられる。彼はこれに答えるかたちでストライキ中の労働者に檄《げき》を送る。ロシア革命という最新の現象に敏感に反応してみせたのかもし

▼**アミルカーレ・ポンキエッリ**(一八三四〜八六)　作曲家。ミラノのコンセルヴァトワール(音楽学校)ではプッチーニとマスカーニの師であった。『ジョコンダ』(一八七六年)というオペラの傑作は残したが、多作な作曲家ではなかった。

▼**アントニオ・グラムシ**(一八九一〜一九三七)　思想家・政治的活動家。一九一三年ころからトリノの労働運動にかかわり、『オルディネ・ヌオーヴォ』という社会主義的雑誌で劇評を担当した。二一年イタリア共産党の創立に参加した。二六年ファシスト政府によって逮捕され、獄中死した。

グラムシ(右)と『オルディネ・ヌオーヴォ』(左)

れない。「勝利が微笑みかけるように！　心からそれを祈っている、……オルランド工場の労働者たちに、わが称賛と愛情の対象である勇敢な人びとに、心から幸運を祈っている」と演説のなかで述べている。当然右翼系の新聞ばかりか、ムッソリーニの主宰する『ポーポロ・ディターリア』紙もマスカーニを「ボルシェヴィキ」と呼び、非難している。プッチーニまで、マスカーニが労働者のゴッドファーザーになったのかと驚いている。しかしこの態度は決して社会主義革命への連帯を求めたわけでもなければ、反ファシズム的な信条を表明したわけでもない。後年の行動から、「オルランド事件」にたいする彼の関わり方は社会状況にたいする認識の浅薄さを証明するエピソードと受け取られている。

フランス革命のオペラ化

一九二〇年代初頭の左右の勢力が対立する時代状況のなかで、マスカーニのオペラ『小さなマラー』はローマのコスタンツィ劇場で初演された。二一年五月のことだった。これはフランス革命に材をとったオペラで、台本（リブレット）はフォルツァーノ▲らだった。彼はジャーナリストであったが、戯曲や小説なども書く才人で、ムッソリーニが政権をとると熱烈な信奉者となった。一九三三年『黒シャツ』という映画のシナリオを書き、自ら監督をしている。シナリオの段階でムッソリーニが協力しているともいわれ、まさにファシスト国家の国策映画だった。

　フォルツァーノはサロ共和国▲にまでムッソリーニと行動をともにするほど確信的なファシストとなっていくのであるが、『小さなマラー』を執筆したころは、明確な政治的立場を表明してはいなかった。その証拠にこのオペラはファシストと社会主義者の双方から批判されたのである。ただ現在ではプロト・ファシズムの要素をもったオペラと解釈されている。台本作者たちはフランス革命の最中に活躍する人物として「小さなマラー」を創造する。貴族であるマラーの母は革命評議会の手にとらわれ、獄につながれている。議長は評議会に「鬼」と呼ばれる暴君で、国民からも憎まれている。マラーは「鬼」に近づく手段として革命軍の兵士の一人となる。すぐに「鬼」の寵をえることに成功し、母のいる獄舎への出入りまで許される。「鬼」の姪のマリエッラはかつて群衆

▼ジョヴァッキーノ・フォルツァーノ（一八八四〜一九七〇）　劇作家・演出家・映画監督。一九二〇年代、三〇年代華々しい活動をした。プッチーニの『ジャンニ・スキッキ』の台本を書いた。自らシナリオを書き、映画を演出したが、作品のほとんどは今では忘れられてしまった。

▼サロ共和国　正式には「イタリア社会共和国」（RSI）というが、共和国政府の所在地が、サロにあったところからこう呼ばれている。サロは北イタリアのガルダ湖の西岸にあり、かつての盟友ダンヌンツィオの館から十数キロの地点にある。ムッソリーニは失脚後逮捕されるが、ドイツ軍に救出された。一九四三年九月ファシスト政府を再建するべく、サロにRSI政府を樹立するが、すでにイタリアと連合軍のあいだには休戦協定が調印されており、イタリア解放は目前だった。四五年四月ムッソリーニの死をもってRSIは崩壊した。

アカデミー会員になったときのマスカーニ（一九二九年）

の暴力からマラーによって救い出されたことがあり、いまやマラーの味方である。彼女もまた叔父の残忍な性格を憎んでいる。マラーと彼を恋するマリエッラは母の脱獄計画をねる。あるとき「鬼」を泥酔させ、縛り上げ、母の釈放命令に署名させる。しかし縄をふりほどいた「鬼」はマラーを射殺しようとする。一命はとりとめるが、マラーは重傷を負う。幸い友人に助けられ、母ともども脱出に成功する。こうしてマリエッラと「小さなマラー」たち貴族は自由を手にいれることになる。

指揮棒はマスカーニ自身が振った。幕がおりると、ファシスト党員たちが舞台にあらわれ、マスカーニの頭に月桂樹の冠をかぶせた。月桂冠には赤、白、緑、つまりイタリア国旗の三色と同じリボンがかけられていた。「マスカーニ万歳」と並んで「イタリア万歳」の声が客席からあがった。このオペラの成功は音楽家をファシズムのほうへと押し出した。結局『小さなマラー』はムッソリーニのメタファーとなった。初演の翌年ファシスト党首領は政権を獲得した。後日マスカーニは「このオペラは鉄の筋肉でできている。その力は声にある。しかしこれは語らない、歌わない、ただ叫びに叫ぶのである。このオペラを書きながら、私はこぶしを握りしめていた」と友人に語っている。これはナショナリズムの叫びでもある。結果的には難破船のようにイタリアをゆすっていた混乱をおさめる何かの力を求めるような声ととることができる。現実にこのオペラの上演からいくばくもへずして社会的混乱はおさまっていく。正確にいえば、ムッソリーニが力業によっておさめていくわけである。

国家の中枢に地位をえるマスカーニ

マスカーニは一九二三年、政権の座についてまもないこの権力者に会見を求め、受け入れられている。このときコスタンツィ劇場の内部を改修し、国立のオペラ座にすべきである、またオペラは国家が支援するべきであると進言している。ムッソリーニは財政的に困難であると答えてはいたが、コスタンツィ劇場をローマ・オペラ座に改称することを決定している。国家によるオペラ支援についてはプッチーニも進言している。音楽家にとって国家はメセナでなくてはいけない。現在でもそうだが、オペラが国家の財政的援助によって成り立っている以上、音楽家たちが独裁的権力をもちはじめた新政権に接近していくのは十分理解できる。しかし、ファシスト国家は音楽家たちに財政的援助の見返りとしてプロパガンダ活動を含め絶対的な服従を要求したのである。マスカーニはそれに従ったのであるが、トスカニーニはそれを拒否した。マスカーニはファシスト国家との関係を深めるにつれ、しだいに多忙になっていった。国家の行事に出席を要請されては、国歌やその他の儀礼的音楽の指揮棒を振らされることになった。二五年、外国巡業するにあたって、ムッソリーニに「感謝の念を込めて」挨拶を送っている。以後、事あるたびに追従の電報や手紙を送っている。二九年にはピランデッロ、マリネッティ、マルコーニ▲とともにイタリア翰林院の会員に選ばれている。

プッチーニも世にはなく、トスカニーニも亡命してしまったイタリアで、マスカーニはもっとも地位の高い音楽家として国家に認められ、ほとんどすべての儀礼の音楽関係を担当することになった。三四年、最後のオペラとなる『ネローネ』を完成させるが、この作品にはムッソリーニへの感謝の意が込められていた。国家もファシズムの威光を放つオペラとしておおいに宣伝したが、音楽史に残るような傑作とはならなかった。ムッソリーニはローマのコロシウム

▼**グリエルモ・マルコーニ**(一八七四〜一九三七)　物理学者。無線電信の実用化に成功。この技術の特許を取得し、無線電信会社を設立した。一九〇九年ノーベル物理学賞を授与される。ムッソリーニとファシスト体制の支持者で、政府から侯爵の称号を与えられた。

トスカニーニのアメリカでの舞台

で大観衆を前に初演されるのを望んだが、マスカーニはオペラの殿堂であるスカラ座での初演を主張した。こうして翌年一月七十一歳をむかえた作曲者自身の指揮によって『ネローネ』は初演され、閣僚、党幹部、名士が出席する華やかな公演となった。

世界は今となってはファシスト体制下に優雅な生活を送ったマスカーニをあえて掘り起こさない。むしろ『カヴァレリア・ルスティカーナ』の間奏曲に酔いしれ、シチリアの悲劇に感動する。作曲家の倫理とは無関係に優れた作品は残っていくという芸術史の法則をここに発見できる。

「映画はもっとも強力な武器である」というファシスト政府の宣伝

④―映画と政治的イデオロギー

映像の両義性

映像の両義性を説明するのに、このような例え話を持ち出すことができる。この池のなかでしきりと鳴く蛙の顔の大写しのショットを想定してみよう。このショットの前に国家を弾劾するコミュニストの激しい演説があれば、この蛙はコミュニストを揶揄《やゆ》する比喩となるが、逆にコミュニストをファシストをもってかえれば、蛙はファシストを揶揄する比喩となる。前者がファシストのつくる映像であり、後者がコミュニストのつくる映像であることはいうまでもない。つまりあるショットはそれ自体では中立的な映像であるが、ある文脈のなかにおかれると意味が発生する。ファシスト国家の依頼で製作されたある映画作品が反ファシズムへのメッセージとなりうるという根拠がここにはある。となればファシスト体制のもとにあった映画人がソヴィエト映画の技法や映画理論を熱心に研究したことも理解できるはずである。

「映画はもっとも強力な武器である」とムッソリーニはいい、これを巨大な

▼**ルイ・リュミエール**（一八六四～一九四八）　化学者・カメラマン・映画監督。「シネマトグラフ」（今でいう「映画」）の発明者。一八九四年兄のオーギュストと共同で、撮影機兼映写機を開発し、兄弟自身が撮影した映画を方々で公開しはじめた。彼らの最初の作品は『工場の出口』だった。

看板に大書して国民にアピールした。この標語はレーニンの言葉にヒントをえたものといわれている。彼が政権を獲得したとき、映画は不況をむかえていた。イタリアはリュミエール▲が映画という装置を発明したとき、いち早く関心を示し、産業化した。わずか一年後にはもう映画製作が始まっていた。二十世紀にはいるとアンブロージョ、チネス、イタラといった映画会社が設立され、喜劇・ドキュメンタリー・史劇などが製作されるようになった。やはりイタリア映画が力をいれたのは史劇である。一九〇〇年代には『クオ・ヴァディス』『ポンペイ最後の日』などの大型史劇、日本流にいうと時代劇の大作が公開された。

「史劇の黄金時代」の衰退

一九一〇年代には映画会社の数もふえ、さらに多くのスペクタキュラスな史劇が製作された。「史劇の黄金時代」と呼ばれた。史劇は輸出産業の花形だった。極東の日本にもイタリア史劇の名声は伝わっていた。二〇年には二〇〇本をこえる映画が製作されたが、史劇の過剰生産が輸出を鈍らせ、映画産業は不

大型史劇の一つ、『カビリア』の一場面（一九一二年）

況の兆候をみせはじめていた。その前年「イタリア映画連盟」が設立され、規模の大きい製作会社のほとんどが参加した。映画産業が不況に陥らないような措置をとるのが目的だったが、製作本数の落込みは避けられなかった。ムッソリーニが政権についた年は、わずか五〇本ほどしか製作されておらず、映画産業は経済的危機にみまわれた。製作本数が激減したため、自国映画の供給を受けられなくなった映画館が多くなった。

こうした映画館は自国の映画にかえて、外国映画、とくにアメリカ映画を上映するようになった。かつてアメリカへ史劇を輸出し、外貨を稼いでいたイタリアは有数のアメリカ映画輸入国になってしまった。アメリカ映画の入超状態はファシスト体制が軌道に乗ってからも続いた。皮肉な現象である。ファシズムが喧伝《けんでん》していた古代ローマ帝国の偉大さは、国民のレベルでは、新しいアメリカの映画文化の前ではなんの威力も発揮しなかった。ショーヴィニズムはあっさりとモダニズムに敗北を喫してしまった。三〇年に上映された映画三七三本のうち、イタリア映画はわずか一二本で、アメリカ映画は二九〇本であった。ファシズムはアメリカ文化、とくに黒人文化を忌避していたのに、スイン

ルーチェの本部が所有する映写機

▼**ルーチェ**（ＬＵＣＥ、L'Unione Cinematografica Educativa の略称）その前身は一九二三年に創立された民間の組織「映画教育組合」(Sindacato di Istruzione Cinematografica)。二五年国立の組織になった。

▼**ジョヴァンニ・ジェンティーレ**（一八七五～一九四四）　哲学者。ヘーゲル哲学の研究者であったが、マルクス研究も怠らなかった。ク

グヤジャズは国民のあいだにはけっこう浸透していた。その後ムッソリーニ政府はアメリカ映画の輸入本数を二〇〇本に抑え、イタリア映画の振興をはかる政策をとることになったが、アメリカの映画製作形態がファシズムの文化政策のリファランスとなっていたことはいなめない。

ファシズムの映画政策

一九二三年「イタリア映画連盟」も解体の憂き目に会い、イタリア映画の製作状況はますます悪化した。撮影技師・美術担当者・進行係といった映画製作に必要な労働者たちは失職した。政府は政治教育を重視し、「教育映画連盟」(ルーチェ▲)を創設した。これはその前年に設立された民間の「映画教育組合」を国家の組織に格上げしたもので、主として教育映画や記録映画の製作を目的としていた。政府はファシスト教育に力をいれることを政策の眼目にしていた。よって文部大臣には当時イタリアのアカデミズムでも評価の高かった哲学者ジェンティーレ▲を任命したのだった。

映画もまた体制の初期は教育的な役割をはたすものと思われていた。映像を

ローチェと哲学誌『クリティカ(批評)』を共同編集したが、その後クローチェとは決別。一九二三年ファシスト党に入党し、ファシスト内閣で文部大臣を務めた。四四年パルティザンに殺害された。

ルーチェの事務所を訪れるムッソリーニ(中央、一九二七年)

とおして国民はファシズムの成果を知ることになった。二六年の政令によってすべての映画館は長編映画の前にルーチェの製作した短編映画を上映するよう義務づけられた。その短編は「チネジョルナーレ」(フィルムニューズ=ニュース映画)と呼ばれ、ファシスト政府にかんする情報を流した。ムッソリーニも二四年ナポリで開催された展覧会の開会式に出席したときの映像を見せられ、いたく満足した。これがルーチェ設立のきっかけとなった。以後国家の庇護のもとにルーチェはファシスト体制のプロパガンダを視野にいれた映像を製作していく。二七年『チネジョルナーレ』をルーチェは製作・配給した。内容はリンドバーグの大西洋横断飛行出発、ミシシッピー河の氾濫、イギリス軍の中国派遣、上海を脱出するヨーロッパ人といった外国のニュースで、イタリア関係のものはわずか二本、国王の観兵式と戦没者の墓地参拝であった。

したがって当初ニュース映画はかならずしもファシズムのプロパガンダではなかった。むしろ文字どおり映像によるニュースだった。識字率の低かったイタリアでは映像によるニュースは国民の関心をおおいに引いた。体制側が活字媒体より映像媒体を積極的に利用しようと思いついたのは当然であろう。やが

ヴェネツィア広場に集まった群衆
(『チネジョルナーレ』より)

てムッソリーニが画面に登場し、スター的な存在となっていった。ムッソリーニ＝俳優の誕生である。「ムッソリーニ・スーパースター」とのちに呼ばれるゆえんである。ルーチェはこの年四四本、翌年二〇一本を製作、これを数多くプリントし、全国に配給した。国家による映像の製作は軌道に乗り、製作開始からわずか二年で『チネジョルナーレ』を見た者の数は延べ一億三〇〇〇万人に達した。当時ラジオの受信機の保有台数がイタリア全国で三万台にも達していなかったことを考えると、映像のプロパガンダ能力は活字や音声をはるかに凌いでいたことを国家は理解した。ここから「映像は武器」というムッソリーニの認識は生まれてくるのである。

ファシスト映画の出現

映像プラス音声の時代が近づきつつあった。イタリア最初のトーキー映画はピランデッロの原作になる『愛の唄』だった。一九三〇年の公開だったが、このころになると文学者をはじめとする知識人が映画という表現媒体に関心を示しはじめた。映画肯定論が否定論を上回りはじめた。映画こそ演劇や文学を乗りこえる可能性をもった芸術であるとする論調が強くなってきた。二七年、ある文学雑誌(『ソラーリア』)が映画特集号を出したが、その前年にはブラゼッティが『映画(チネマトーグラフォ)』という雑誌を創刊すると、映画理論にたいする関心も高まっていった。弱冠二十七歳であったブラゼッティは映画製作にかかわっていき、二九年には『太陽』という政府の干拓事業を主題にした作品をつくった。これは旧弊な精神の持ち主である地主とローマ近郊の湿地帯を干拓し、新しい都市を建設しようとする政府との確執をあつかった作品であるが、この映画にはさまざまな含意が認められる。

ムッソリーニは「ローマ進軍」以来とってきた政治路線「都市のファシズム化」から「農村のファシズム化」へと政策を修正してきた。そうした政治的意図を『太陽』はあらわにしたのであるが、同時にイタリア映画ルネサンスのメッセージをも担うことになった。さらには映像のドキュメンタリー性に光をあて、やがてネオレアリズモへと結実していく道をつけた。『太陽』は政治的にも映画芸術的にも大きな話題を提供する作品だった。ブラゼッティはそれまでどちらかというと、映画理論家であり、またジャーナリストであった。映画

▼アレッサンドロ・ブラゼッティ（一九〇〇～八七） 『太陽』(一九二九年)というファシスト政府のおこなった干拓事業を題材にした作品でデビュー。ネオリアリスティックな要素をもった映画とみなされているが、ファシスト政府の宣伝臭の強い映画を撮った。しかし『雲の中の散歩』(四二年)はイデオロギーをこえた名作と評価されている。

▼ネオレアリズモ 「ネオ」とは「新しい」を意味する接頭語。したがって「新しいリアリズム」となるが、その起源は「リアリズム」とともに不明である。CSC(映画実験センター)で映画の研究をしていた理論家ウンベルト・バルバロがはじめて映画にこの語を使ったといわれている。その結果セットを使用しない、屋外撮影、プロではなく素人俳優の起用、社会性の濃厚な内容、といった要素をもった映画の文体が「ネオレアリズモ」と戦後呼ばれるようになった。

雑誌を創刊したり、映画叢書を刊行したりとイタリア映画の再生運動をおこなってきたが、このような活字媒体の活動がついに製作という実践活動に結びつくことになった。したがって『太陽』には彼の映画にたいする思いが込められていた。

三一年には政府の農本主義的政策にそうかたちで『母なる大地』を撮った。三三年にはリソルジメントをテーマにした『一八六〇年』、その翌年には黒シャツ隊をあつかった『古き行動隊』、さらに四〇年ドイツとイタリアの連帯を讃える『鉄の冠』をつくり、ファシスト体制の文化政策の一翼を担った。しかしその一方で『サルヴァトーレ・ローザの冒険』（四〇年）のような大衆娯楽映画なども撮っている。四二年彼の代表作と目されている『雲の中の散歩』を発表するが、この作品あたりからイタリア映画にはネオレアリズモと戦後名づけられる映像様式が認められるようになってくる。考えてみれば、「ネオレアリズモ」とはファシスト体制下につくられた映画作品群のなかからめばえてきたのだった。三四年に映画局が大衆文化省（ミンクルポップ▲が略称）のなかに設置された。ミンクルポップとはもともとはムッソリーニの広報部門課だったの

▼ミンクルポップ(MinCulPop)　「大衆文化省」のこと。ムッソリーニの広報局が母体。大衆文化全般にたいする宣伝工作を管轄とした。ラジオと映画を重点的に検閲したが、観光・演劇・文学をも検閲の対象とした。

▼映画実験センター(CSC、Centro Sperimentale di Cinematografia)　一九三五年ファシスト政府が、映画製作のプロを育成する目的で設立した。三七年から『ビアンコ・エ・ネーロ』という映画理論雑誌を発行。センターではウンベルト・バルバロというマルクス主義者が戦後活躍する若い映画人の指導にあたっていた。

▼ミケランジェロ・アントニオーニ(一九一二〜二〇〇七)　映画監督。最初に認められたのは『叫び』(一九五七年)だった。つぎの『情事』(六〇年)が話題を呼び、ネオレアリズモ以降の新しい文体のイタリア映画の到来を告げた。最新作に『雲のかなた』(九五年)がある。

▼チネチッタ　ファシスト政府は映画を最大の宣伝工作の手段と考え、

であるが、女婿のチャーノが担当するようになったときラジオ・映画・演劇・ショーなどを検閲の対象とすることになった。

さらにナチス・ドイツの文化政策に倣って、観光事業や大衆文化全般を監督するようになった。映画局は「映画産業国民協会」という名称に変更され、現在も続いているヴェネツィア映画祭なども企画するにいたった。三五年四月「映画実験センター（CSC）」▲が設立された。所長は戦後ヴェネツィア映画祭の委員長を長年務めた映画批評家のルイジ・キアリーニで、彼はネオレアリズモという概念の提唱者であったマルクス主義者のウンベルト・バルバロを教授にむかえ、さらに映画理論誌『ビアンコ・エ・ネーロ（白と黒）』を創刊した。このセンターにはミケランジェロ・アントニオーニ▲をはじめとする、戦後のネオリアリスティックなイタリア映画を支える映画人が集まった。イタリアのハリウッドといわれた「チネチッタ」▲がオープンするのもその二年後だった。

ムッソリーニはハリウッドのような大規模の撮影所をローマに建設しようとして、古くからの僚友であるフレッディ▲をアメリカに派遣していた。フレッディの調査にもとづいてチネチッタは建設された。所長は当然フレッディだっ

アメリカのハリウッドを模した巨大な撮影所を建設することにした。一九三七年ローマ郊外の一四万平方メートルの敷地にスタジオ・現像所・オープンセットをあわせもったヨーロッパ一の撮影所が姿をあらわした。戦時中大半が破壊されたが、戦後再建され、フェリーニの名作や『クレオパトラ』などのアメリカ映画の大作がこの撮影所から世界に送り出された。図はチネチッタのパンフレット。

▼**ルイージ・フレッディ**（一八九五〜？）　熱烈なナショナリストで、ファシスト党幹部。若くして未来派に参加。ダンヌンツィオのフィウメ占領軍にも参加。政府の映画政策を推し進めた中心的人物。チネチッタの撮影所長も務めた。

た。実験センターといい、『ビアンコ・エ・ネーロ』といい、またチネチッタといい、戦後のイタリア映画の歴史を発展させた材料はファシスト体制下で用意されたのである。驚いたことにムッソリーニの長男ヴィットーリオが編集長を務める映画雑誌『チネマ』までこの実験センターから創刊されている。ドゥーチェ（統帥）の長男は映画製作に情熱をもっており、ロッセリーニ▲の作品に原案を提供してもいる。

ロッセリーニをめぐる諸問題

イタリアの解放後いち早く世界に「ネオレアリズモ」という映像の様式を知らせたのはロッセリーニの『無防備都市』だろう。この映画は戦前のムッソリーニ体制を糾弾する反ファシズム・イデオロギーのモデルとなった。ところが上述したように「ネオレアリズモ」はファシスト体制の映画製作装置のなかからめばえ、育ってきた。アントニオーニの『さすらい』もデ・シーカ▲の『自転車泥棒』も映画実験センターの土壌から生まれてきた。じつはロッセリーニもファシスト体制の映画製作状況のなかで映像作家としての力を蓄えてきたの

▼**ロベルト・ロッセリーニ**（一九〇七〜七七）　映画監督。彼の名を一躍世界に広めたのは、戦後すぐに公開された『無防備都市』（一九四五年）、続いて『戦火のかなた』（四七年）、『ドイツ零年』（四八年）と反ファシスト的作品を発表。ネオレアリズモの旗手。

▼**ヴィットーリオ・デ・シーカ**（一九〇一〜七四）　映画監督・俳優。ファシスト体制下では喜劇俳優として活躍。監督としては戦後のネオレアリズモの先駆的作品『子供たちは見ている』（一九四三年）で脚光をあびた。『靴みがき』（四六年）、『自転車泥棒』（四八年）、『ミラノの奇蹟』（五一年）などでネオレアリストとしての地歩をかためた。

ロベルト・ロッセリーニ『無防備都市』

である。「ネオレアリズモ」とはじつに矛盾を多く含んだ映像の概念であり、様式であった。

ロベルトの父親アンジェロ・ジュゼッペ・ロッセリーニは建設会社をいとなんでおり、裕福な階級に属していた。名門の出身で、いわゆる「ブルジョワ」であった。ジュゼッペ・ロッセリーニはローマの中心街にいくつかの映画館を建てており、そのうちバルベリーニ広場の「チネマ・バルベリーニ」はローマでもっとも豪華な映画館といわれた。彼の家には数多くの芸術家が集い、一種のサロンとなっていた。マスカーニなども常連の一人だった。したがって長男のロベルトは芸術的な雰囲気のなかで育ち、当時それほど数も多くなかったローマの映画館には自由に出入りできた。グリフィス、ジョン・フォード、キートンなどだけではなく、ディズニーまで見ていた。当時貴重な撮影機なども家にはあり、幼いころから映画作りには興味をもっていた。ブルジョワ家庭であったから、当然たずねてくる人びとにはファシスト党の幹部や政府の要人なども多かった。要するにロベルトは政府の映画製作にたずさわる人びとと接触できるような家庭環境にいた。

▼レンツォ・ロッセリーニ（一九〇八〜八二）　ロベルト・ロッセリーニの弟で、音楽家。兄の初期の映画に音楽をつけるところから音楽家として出発したが、戦後オペラ作品も何本か発表した。『橋からの眺め』『花言葉』などがある。兄の映画作品の音楽も担当した。

ロベルト・ロッセリーニ『白い船』

弟のレンツォ▲はのちに音楽家となり、オペラを作曲したり、映画に音楽をつけるようになったが、ロベルトが三十歳のときにつくった『ダフネ』と『牧神の午後へのプレリュード』という短編映画に音楽をつけた。この映画はドビュッシーの音楽に影響を受けた作品であったが、質・規模ともにアマチュアの趣味の領域をでるものではなかった。ロベルトは、以後二、三の短編をつくったが、本格的な映画製作の道にははいってはいなかった。しかし三十二歳のときはじめてシナリオ・ライターの一人としてクレジットタイトルに名を連ねることになった。作品はゴッフレード・アレッサンドリーニの監督になるもので、タイトルは『飛行士ルチャーノ・セッラ』（邦題『空征かば』）といった。監修者はヴィットーリオ・ムッソリーニの名になっているが、実際の製作にあたったのも彼であった。ロッセリーニはこの作品で助監督を務めた。こうして彼はプロの映画製作の世界にはいったのである。

ファシスト体制の内部で生まれた「ネオレアリズモ」

一九四一年最初の長編映画を撮る機会が訪れる。これは海軍省の広報をあつ

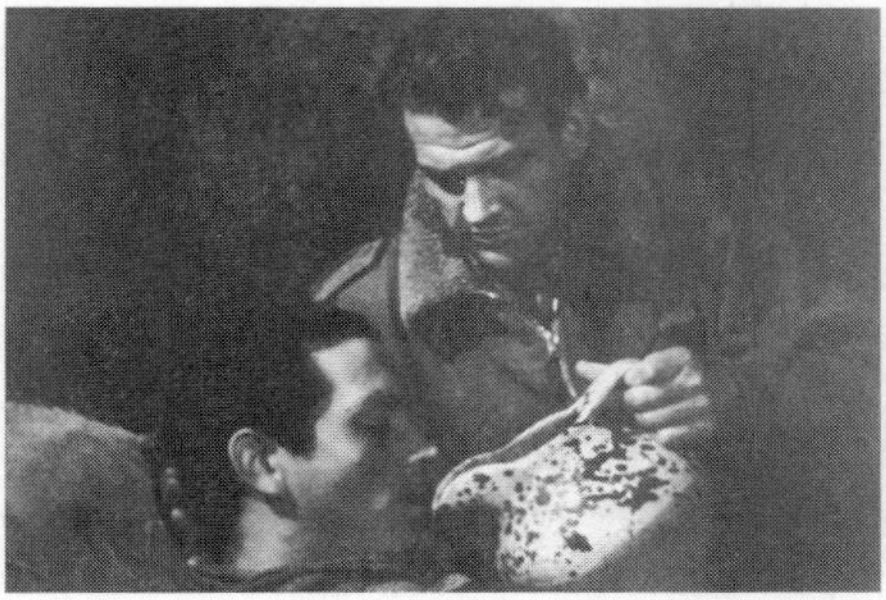

ロッセリーニ『帰還する飛行士』

かう映画局の依頼になるもので、製作主任は局長自身だった。シナリオはこの局長とロッセリーニの共同執筆で、音楽は弟のレンツォが担当した。俳優はすべて素人（海軍の兵隊）だった。作品は海軍の病院船をあつかったもので、ドキュメンタリー・タッチの劇映画だった。タイトルは『白い船』。十数年前ネオレアリズモの系譜を取り上げたイタリア映画特集で『白い船』は日本でも上映されたことがある。映画史的には『白い船』は戦後のネオレアリズモの先駆的作品とみなされている。たしかに前半は海の風景と船内の兵士の生活がモンタージュされ、ドキュメンタリー風である。後半は銃後の家族や恋人からの便りを兵士たちが読む場面があったり、傷病兵の苦しむ場面があったりとやや感傷的な調子が浮かび上がる。アメリカ映画にみられる勇壮なシーンはなく、むしろ反戦的というか厭戦的イメージが表面化している。とはいえ『白い船』はその年に開催された第九回ヴェネツィア映画祭に出品され、絶賛されたばかりか、「ファシスト党賞」を与えられた。

ヴィットーリオ・ムッソリーニの主宰する雑誌『チネマ』も『白い船』を優秀映画と判断した。ロッセリーニは、翌年ふたたび戦地を描いた映画『帰還す

▼**ジュゼッペ・デ・サンティス**（一九一七〜九七）　シナリオライター・映画監督。CSCで映画研究。ヴィスコンティ監督の『郵便配達は二度ベルを鳴らす』（一九四三年）のシナリオに協力した。『にがい米』（四九年）でネオレアリストとして世界の注目をあびる。ほかに『オリーヴの下に平和はない』（五〇年）などの作品がある。

ロッセリーニ『十字架の男』

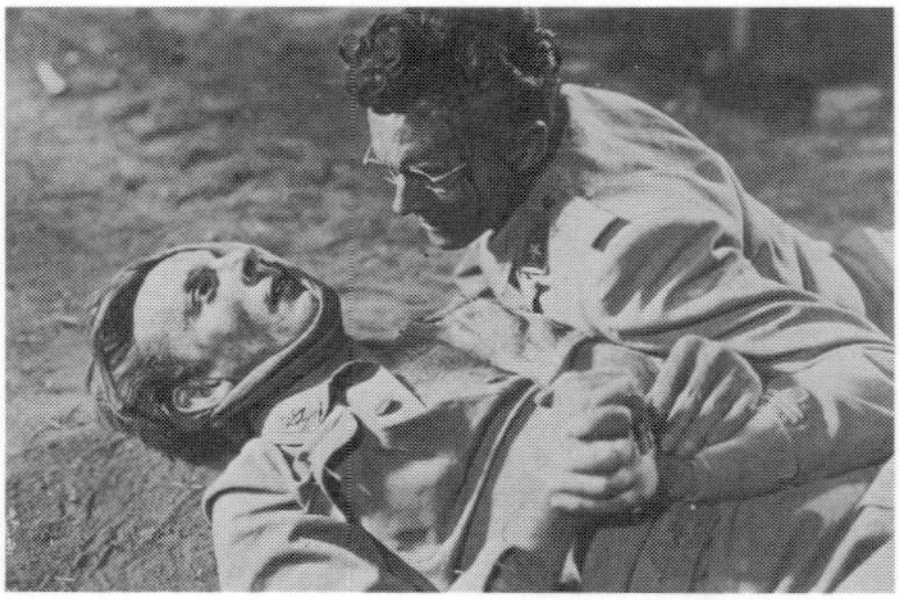

る飛行士』を監督することになった。原案はヴィットーリオで、ロッセリーニの脚本にはアントニオーニも参加した。監修もヴィットーリオだった。荒筋はギリシア戦線でイギリス軍の捕虜となった飛行士ジーノが、脱走し、戦闘機を奪って、イタリアに帰還するというものであるが、今度はプロの俳優が演じた。この作品は前作ほどの評価は受けなかったようだ。とくに『チネマ』誌の同人だったデ・サンティス▲は批判し、ネオリアリスティックではないという裁断をくだした。

ファシスト体制下でロッセリーニが監督した長編第三作は『十字架の男』（四三年）で、これはロシア戦線で戦死する従軍司祭の物語だった。製作はアズヴェーロ・グラヴェッリという愛国主義的なファシストだった。ロシア戦線に従軍した信仰心の篤《あつ》いある司祭が、あるロシア人女性が生んだ子に洗礼をする。さらにソ連の兵士たちのなかにも司祭の信仰に感動する者があらわれる。やがてイタリア軍との戦闘が激しくなり、司祭は戦死する。ロッセリーニは海軍・空軍・陸軍と描いて戦争三部作を締めくくった。『十字架の男』は戦争のプロパガンダよりも、ファシスト兵士のヒロイズムを称揚し、コミュニズムにたい

▼**ピエトロ・バドーリオ**（一八七一〜一九五六）　軍人で、政治家。第一次世界大戦で勲功をあげ、ムッソリーニ政府に入閣するが、第二次世界大戦をめぐって、政府と対立し、辞職する。ムッソリーニ逮捕ののち、国王から組閣を命ぜられ、連合軍との休戦協定にあたった。

する嫌悪をあおっている。かならずしもファシスト映画と規定することはできないが、やはりファシスト国家の軍隊を使って、政府の意向にそって、映画を撮ったことには変わりがない。この映画が公開された六月ころにはすでにアメリカを主体とする連合軍はシチリア上陸を着々と進めており、ファシスト体制は崩壊の危機に瀕していた。実際七月にはムッソリーニは国王の命によって逮捕される。バドーリオ▲政権が成立し、連合軍と休戦協定が結ばれる。逮捕されたムッソリーニはドイツ軍に救出され、北イタリアのサロという小さな町に共和国を樹立するが、もう独裁者の命運はつきていた。ファシスト体制も終焉《しゅうえん》をむかえつつあった。

この間ロッセリーニは『欲望』というあまり話題にされない映画を一本撮っている。やがてイタリアは解放され、「ネオレアリズモの嚆矢《こうし》」といわれることになる反ファシスト的作品『無防備都市』が製作される。『無防備都市』以前の活動、ということはファシスト政府の意向にそったかたちで映画を撮ってきた立場について質問を受けたとき、ロッセリーニはこう答えている。「私の反ファシズムの全ては、もしもこう呼ぶのであれば、サヴォイア・ホテルのバルコニーにいたムッソリーニが、最初のファシスト政権の樹立を宣言したローマ進軍の日に生まれました」(『私の方法』西村安弘訳)。あたかもファシスト体制下で映画をつくっていたときも、「反ファシスト」であったかのようにいっているが、やはり戦後のこの言葉を額面どおりに受け取るのには無理がある。

そもそもムッソリーニが政権を奪取したとき、ロッセリーニはまだ十六歳の青年であって、体制のイデオロギーを認識する年齢ではなかった、ましてやすでに反ファシストとしての自己を確立していたとは考えられない。それよりもピランデッロ同様、公的には、ファシストであったが、その作品群は少しもファシスト的ではなかった、と考えるほうが自然であろう。結論的にいえば、映像は両義的であるという性質をロッセリーニの映画は明らかにしている。

⑤—芸術の超越性

体制の芸術様式を創造する試み

「秩序への回帰」と「正常化」はファシスト党の合言葉だった。ファシスト体制の成立によってこれが実現することになった、とムッソリーニは主張し、国民に賛同を求めた。実際国民のほとんどは社会的・政治的無秩序に終止符を打ちたがった。「秩序への回帰」は、美術の世界でも主張されはじめた。一種の保守化現象があたかもファシスト体制のイデオロギーにそうようなかたちであらわれてきた。

一九一〇年代には未来派の運動とともに抽象性への志向や現実をデフォルメする手法が具体的な成果をあげてきていた。それにほかのヨーロッパ諸国で勃興してきた新たな潮流とも呼応する芸術運動も広がりを示してきた。デ・キリコ▲とカッラ（一八頁参照）との出会いから生まれてきた「メタフィジカ絵画▲」もイタリア美術の新しい動きを示す様式だった。のちにモランディもこの様式に近づいた。一八年、ブローリオ▲の創刊した『ヴァローリ・プラスティチ（造形

▼ジョルジョ・デ・キリコ（一八八八～一九七八）　ギリシア生まれのイタリア人。ミュンヘン、パリと移住し、キュービズム美術に接したが、自分独自のスタイルをくずそうとはしなかった。一九一六年イタリアでカッラと出会い、「メタフィジカ絵画」の試みを始めた。幻想的な都市の風景を主題にした作品を多く発表した。

▼メタフィジカ絵画　一九一七年のデ・キリコとカッラとの出会いから生まれた絵画の様式。運動性はなかったが、未来主義的様式を捨象し、ドイツやフランスの同時代絵画の様式を取り込もうとして形成されたグループ。具象と抽象の中間に位置するような様式をめざした。美術雑誌に依拠する画家たちに、この絵画様式は継承された。

▼マーリオ・ブローリオ（一八九一～一九四八）　画家・美術評論家。『ヴァローリ・プラスティチ』の創刊者の一人。伝統的イタリアの美術を好み、未来派の絵画をきらったが、カッラのことは高く評価していた。

▼『ヴァローリ・プラスティチ』　一九二一年に創刊された美術雑誌で、運動体としても機能した。「メタフィジカ絵画」のグループも参加した。そのほかこの雑誌を中心に集まった画家たちにヨーロッパ近隣諸国の芸術運動にかんする情報を提供した。しかし反近代主義的傾向をもち、体制の政策「秩序への回帰」を受容するようになった。

サルファッティ

▼マリオ・シローニ（一八八五～一九六一）　バッラのもとで研修しながら、ローマの美術学校を終了した。一九一四年ボッチョーニたちと知り

的価値）』▲は、「メタフィジカ絵画」にあらわれた思潮を発展・拡大させようとした運動であった。しかし『ヴァローリ・プラスティチ』は二二年春終刊となった。

この雑誌の終刊は芸術運動が保守化へと向かうことを予測させるようなできごとだった。これによって生じた空白をうめる新たな芸術運動が必要だと考える美術批評家がいた。マルゲリータ・サルファッティである。ムッソリーニの文化政策、とくに美術の領域で、重要な役割をはたした。十代のころから社会主義やフェミニズムの思想に共鳴し、社会党の新聞『アヴァンティ』などに寄稿していた。この時期ムッソリーニと知り合ったらしい。後年ムッソリーニにもっとも影響力のある側近となったが、愛人でもあったようだ。ムッソリーニの最初の評伝『ムッソリーニ　ディックス（ラテン語でドゥーチェの意）』を書いたのも彼女だった。美術評論でも優れた才能を発揮していた。彼女の存在ぬきにはファシスト体制の文化政策は語ることはできない。ムッソリーニが主幹を務めた『イル・ポーポロ・ディターリア（イタリア国民）』誌の文化面も担当した。「美術界の独裁者」とまでいわれた。

サルファッティ・プロジェクト

体制の政治動向と並んで、美術の世界でも「秩序への回帰」が当面の課題ともなってきた。サルファッティは何人かの画家に新しい芸術運動の必要性を説いた。それを「ノヴェチェント」（「二十世紀」の意）（八〇頁参照）と命名することにした。未来主義とは異なった、伝統的で、それでいて近代的な様式を絵画によって創造するというのが運動の方針だった。呼びかけを受けた画家のうち、シローニ、マルッシグ、フーニ、ブッチほか三人の画家が彼女の趣旨に賛同し、第一回「ノヴェチェント美術展」に出品することを約束した。展覧会開催にあたっては、彼女の友人で、やはりユダヤ人であったミラノの画廊の経営者リーノ・ペーサロが協力することになった。この経緯からわかるように、ファシスト体制にはほとんどユダヤ人差別はなかった。「アンティセミティズム（反ユダヤ主義）」が体制の政策となったのは、ユダヤ人を対象とした人種法の制定された一九三八年だった。それ以降ナチス・ドイツの例に倣って、あらゆる領域でユダヤ人が排斥された。翌年サルファッティもムッソリーニの計らいで、パ

合い、未来派の美術活動に参加。「メタフィジカ絵画」に興味をもち、「ノヴェチェント」運動の唱導者の一人となる。ファシスト体制下では、合理主義派の建築家の協力をあおぎ、壁画を多く制作した。

▼ピエトロ・マルッシグ（一八七九〜一九三七）　ウィーンの「ユーゲントシュティル様式」や「分離派」、さらには後期印象派など初期の作品からオーストリアやフランス美術の潮流に大きな影響を受けていた。

▼アキッレ・フーニ（一八九〇〜一九七二）　未来派の画家。前衛的な絵画には否定的な態度をとり、「ノヴェチェント」運動を推進。ファシスト美学の積極的な支持者の一人。

▼アンセルモ・ブッチ（一八八七〜一九六五）　ミラノの美術学校で学んだ。伝統的絵画を思わせる作風。画家であるとともに、版画家としても高名であった。一九一〇年代には銅版画家としてパリで活躍した。二〇年代にはサルファッティの呼びかけに応じ、「ノヴェチェント」運動に参加した。

スポートを取得し、国外に亡命することになった。

二三年三月ペーサロ画廊で第一回「ノヴェチェント美術展」を開催する準備がサルファッティの手で進められた。彼女はまず先述のシローニら七人の画家に出品するよう要請したところ、全員とはいかないまでも、大筋では承諾をえた。この美術展が体制の文化政策の一環であることを考えると、画家たちが反ファシストでないかぎり拒否する理由もなかった。予定どおり、「ノヴェチェント様式」を表明する機会となるかと思われたが、ペーサロがサルファッティの独善的なやり方に不満をもった。またこの展覧会に自主性がないことを批判する画家もいた。サルファッティはなんとか開催までこぎつけたが、これを「ノヴェチェント」のマニフェストとすることはあきらめた。ファシストの機関紙は「ノヴェチェント展」と呼んだが、実際はグループ展であった。彼女もこのグループの作品に統一的な様式や運動性が形成されているとは認めてはいない。しかしこれが三年後に開かれる「ノヴェチェント展」の核になったことは事実である。

芸術にたいするファシズムの優位

ムッソリーニはオープニングへの招待を受諾し、出席した。政権奪取後半年もたってはいなかったので、ファシスト体制はまだ磐石《ばんじゃく》ではなかった。彼は芸術家の反感を恐れていたのか、挨拶では理解ある態度を示した。「国家にはただ一つの義務しかない。芸術を妨害せず、芸術家たちに人間的な条件を提供し、そして芸術的、国民的見地から彼らを支援することである」と語った。国家は「メセナ」の名のもとに芸術には容喙《ようかい》しない、ましてや政治に奉仕せよなどと命令しないという姿勢をみせた。しかしムッソリーニがしだいに芸術のファシズム化を画策していったのは、のちの戦略が証明している。

翌年開かれたヴェネツィア・ビエンナーレ展では七人の画家たちは厚遇され、展示室を一室与えられた。「ビエンナーレ」は現在でも活況を呈しているが、十九世紀末に発足した伝統のある美術のイヴェントだった。ファシスト期には保守化するが、おおいに利用された。サルファッティはシローニ、フーニ、マルッシグの三人を中心として「ノヴェチェント」運動を展開しようと計画し、実行委員会を結成した。この三人にサリエッティ▲、トージ▲、ヴィルト▲といった、

▼アルベルト・サリエッティ（一八九二～一九六二）　「ノヴェチェント」運動で中心的な役割を務めた画家。作品は一九三〇年代にはいると、極めて自然主義的な傾向を示した。日常的なオブジェを好んで描いた。静物画を多く残した。

▼アルトゥーロ・トージ（一八七一～一九五六）　正規の美術教育は受けなかった。直観の鋭い画家といわれた。作品は強烈な色彩にあふれていた。「赤いヌード」という作品がよく知られている。セザンヌに大きな影響を受けた。「ノヴェチェント」派の画家ではやや異色だった。

▼アドルフォ・ヴィルト（一八六八～一九三二）　彫刻家。「ノヴェチェント」様式をたくみに表現した芸術家だった。胸像や記念碑などを得意とした。数多く制作したもののなかでは、大理石でつくったムッソリーニの胸像がよく知られている。体制の文化政策に忠実な彫刻家だった。

一九二四年のビエンナーレ展　左から二番目がマリネッティ。

体制寄りの画家が加わった。事務局長はサリエッティが務めた。彼はムッソリーニとも親交があり、緊密に連絡をとれる立場にいた。これもサルファッティの采配だった。こうして彼女はムッソリーニにたいする協力体制をつくりあげていった。第一回「ノヴェチェント展」の準備はととのった。一九二六年二月ミラノのある大きな会場で大規模な展覧会が開催された。彼女の努力によって一三〇人におよぶ画家がこの展覧会に出品した。そのなかには、デ・キリコもカッラもはいっていた。まさにファシスト国家が国民に放った最初の文化的マニフェストだった。これが「ノヴェチェント運動」の旗揚げだった。国家の精神を表現する美術様式を確立しようという試みであった。

しかし「運動」と「様式」はかけ離れていた。出品された多くの作品に様式上の統一性がないのは当然だった。「秩序への回帰」というライトモチーフには「自然主義への回帰」という含意があった。ところが全体的にいえば「自然主義」は忌避された。時代はすでに数々の前衛的・実験的作品を知っていた。現実のデフォルメこそが時代の要請だった。しかしムッソリーニはこのあたりにファシズムの欠如をみた。

「ノヴェチェント展」のポスター（一九二六年）

芸術家ムッソリーニの主導権

開会の辞のなかで彼はこんな風にいう。「政治が芸術であることは疑いない。もちろん科学ではない。だから芸術なのである」。「政治」＝「芸術」、したがって「政治家」＝「芸術家」という結論を導き出す。となると絵画は「現在」を描かなくてはならない。つまり主題はファシズムでなければならない、という論法になる。「政治」＝「芸術」が、芸術は政治に奉仕しなくてはならないとすり変わってしまった。絵画や建築はファシズムのプロパガンダの役割をはたさなければならないと考え始めた。いうまでもないことだが、全体主義国家の頂点にいる権力者が、芸術的表現よりイデオロギーを上位におくのはなにもファシスト体制だけの問題ではない。

事務局長のサリエッティは第一回「ノヴェチェント展」を成功と評価したのか、ムッソリーニに毎年の開催を具申したが、その必要なしとの回答がもどってきた。第二回は三年後の開催に決定された。このころから「ファシスト芸術とは何か」という問題が文化政策を遂行する組織のなかで浮上してきた。第一回「ノヴェチェント展」をファシスト芸術の様式とするサルファッティの目論見ははずれてしまった。それはさまざまな様式をもった作品群を大規模に提示する展覧会の域をでなかった。ジュゼッペ・ボッタイの主宰する党の理論誌『クリティカ・ファシスタ』がこの問題を提起する。ウンベルト・エーコも少しふれているように、ボッタイは教条的なファシストでなく、前衛的な絵画や非政治的な絵画をも許容する、柔軟な考え方をもったジャーナリストだった。しかし党の中枢部はもっとムッソリーニの意向にそった作品を望んでいた。具体的には「ローマ進軍」を主題とした作品やドゥーチェの肖像、あるいは胸像を画家に描いてほしかった。ファシスト・イコノロジーこそノヴェチェント様式であると考えていた。第一回展ではそれがかなわなかったが、第二回展では、ファシスト・イコノロジーの実現を課題にした。

政治と芸術の調和を求めて

『クリティカ・ファシスタ』(一九二六年十一月十五日号)は「ファシスト芸術とは何か」と問い、多くの画家に回答を求めたが、結局それを明確に定義した

▼**ジャコモ・バッラ**(一八七一～一九五八)　二十代から画家としての才能を発揮し、具象的な絵画を発表してきた。とくに社会主義的な思想に共鳴し、労働者の行動や工場の景色を描いた。未来主義運動に参加し、一九一一年に発表した「アーク灯」は未来派美術を代表する作品とみなされている。その後も未来派

の理念である運動を表現した絵画を多く制作している。

バッラ「速さ」(一九一三年)

者はほとんどなかった。「ファシズムが擁護し、尊重したもっとも崇高な人間的価値は芸術である。その芸術とはイタリア精神の崇高な表現であり、わが民族が長いあいだ保ってきた優越性の奥義である。またムッソリーニの政治的才能は、彫刻的な表現力によって、芸術のもつ本質的、普遍的、かつ文明的な側面を提示した」という回答をよせた画家もいたが、これもまた明確な定義とはいいがたい。統帥は同年ペルージャのある美術館のオープニングに出席し、「芸術は伝統的であると同時に近代的でなくてはならないし、過去とともに未来をも凝視しなくてはならない」とやはり曖昧《あいまい》なことをいっている。結局、ファシズムの認める作品、ひいてはムッソリーニと権力者たちの意向に追随した作品が、「ファシスト芸術」の様式にほかならなかった。しかしイデオロギーからはみだしてしまった芸術があり、イデオロギーが壊死《えし》したのちも、残っていく芸術があるのは、歴史的な事実である。

　サルファッティが企画した「ノヴェチェント運動」に共鳴した画家たちのなかで、▲もっとも高い評価を第二次世界大戦後も受けた美術家はシローニである。バッラのもとで学び、ボッチョーニやセヴェリーニと親交を結びながらも、マ

シローニ「郊外」(一九二一年)

リネッティたちの未来主義運動とは一線を画していたが、未来派とともに第一次世界大戦では銃をとり、戦場に赴いている。ムッソリーニが首相の座についてしばらくすると、ファシスト党に入党している。党の機関誌に挿絵を描き、文章も寄稿している。ファシスト政権の企画したさまざまな美術のイヴェントにもかかわっていた。確信的なファシストであって、体制の芸術運動を積極的に進めた。しかしその作品は時代とそのイデオロギーをこえてイタリア近代美術史上重要な位置を占めている。

シローニの抵抗

一九八〇年ミラノで大規模なシローニ回顧展が開かれたが、そのとき刊行されたカタログでは、彼がファシストでありながら、その作品は政治的姿勢とファシスト・イデオロギーに少しも浸食されてはいない、という指摘が注目を引いた。彼は体制の内部でかなりの抵抗を試みていた。例えば党内の右派とは激しい論戦を展開した。ムッソリーニの取巻きの一人で、書記長まで務めたファリナッチは、ファナティックな愛国主義者で、粗暴な人間だった。このウ

シローニ「労働者」(一九三二年)

ルトラ・ファシストが「ノヴェチェント」運動の最大の批判者だった。「ノヴェチェント」を外国の芸術に毒された反ファシスト的な芸術運動だと断じた。芸術にたいする感性も理解力ももたないこの権力者は「ノヴェチェント展」に出品した画家をことごとく攻撃したうえ、サルファッティをののしった。こうした反「ノヴェチェント」の流れは、ファシスト国家が常軌を逸した局面をあらわにしていく政治的な動きと一致していた。三二年ローマで「ファシスト革命展」が開催された。一年の開催期間が延長されて、常設展となった。それほど政府が熱をいれた展覧会だった。シローニも企画から実現まで関与したばかりか、自ら「ローマ進軍」「ファッシのギャラリー」などの展示を担当した。しかしファリナッチはこの展覧会をも反ファシスト的だといって批判した。

さすがにシローニは怒りを爆発させ、「もういい加減にしてくれ」と『イル・ポーポロ・ディターリア』に書いた。これにたいし別の機関誌『レジーメ・ファシスタ』にファリナッチは「何が〈もういい加減にしてくれ〉か」と恫喝《どうかつ》した。さらにファリナッチはクレモーナ賞なるものを設定して、御用美術家集団を組織しようとした。「ノヴェチェント」派にたいする弾圧は激しさをましていっ

シローニ「木の象形」(一九三六年)

▼ジュゼッペ・テラーニ(一九〇四〜四三) 「テッラーニ」のほうが原音に忠実。ファシスト体制下で活動した若い建築家。一九二六年「グループ7」の創立に参加し、イタリア合理主義建築の運動を推進しようとしたが、伝統を重視するファシズムの壁にはばまれる。国家の要求する建築様式を批判しながら、たくみに自己の美学を表現した。

た。ファシズムの矛盾をたくみに利用しながら、独自の活動を試みようとする芸術家の生息地はしだいに少なくなっていった。

　シローニは党右派の執拗な攻撃に屈しなかった。あくまで亡命の道を選ばず、国内の芸術活動に存在理由を求めた。モザイク、フレスコ技法に純粋なイタリア絵画の可能性を追求し、ファシスト様式とナショナリズムの接点を模索した。またメキシコの壁画運動にヒントをえて、ファシズムと壁画の融合を試みた。三三年「壁画宣言」を掲げ、壁画やモニュメントの制作に乗り出した。「ファシズムとは生の様式」というたくみな表現を使いながら、権力者の目をくらました。体制への協力という姿勢をとりながら、芸術家個人の創造性も発揮させるというのが、シローニの壁画運動の理念だった。こうして彼はムッソリーニの統治した二〇年間を精神の自由を失うことなく、筋を通した芸術家として創作を続けたのである。

新しい建築の台頭

　ファシスト期のイタリア建築については戦後しばらく看過されていた。未来派の試みた実験的・前衛的な芸術作品が美術を除いて戦後はほとんど研究の対象とならなかったのと事情は同じである。しかし戦後も数十年たち、タブーのしばりもゆるんできた一九七〇年代、その後半に建築は再検討の時期をむかえた。その過程でテラーニという建築家の存在が浮上してきた。

一九〇四年にミラノに生まれ、ミラノ工科大学で建築を学んだテラーニは、トリノで二六年に結成された「グループ7」に参加した。この団体はまず未来派とは別の地点で、合理主義的な建築を実現することをめざした。二八年ローマで最初の合理主義建築展を開催し、インターナショナルな建築様式を発表した。トリノは反体制運動の起こる可能性を秘めた都市だったので、「グループ7」にも反ファシズムの色合いは多少あったが、ファシスト体制の設定する枠組みをこえることはできなかった。展覧会はファシスト国家の文化政策の一環となった。この年テラーニも入党し、ファシスト建築家としての道を歩みはじめた。

彼もピランデッロと同じように最後までファシストであるという立場をくずさなかったが、やはり生涯の終わりには内的な苦悩をかくすことはできなかっ

▼「グループ7」　建築の近代化を志向したミラノの若手建築家七人。そのなかにテラーニがはいっていた。彼らはローマの伝統建築を再評価する建築家グループと対立したが、インターナショナルな建築様式を確立しようと、ル・コルビュジエやグロピウスの理論に範を求めた。しかしテラーニを除いて、「グループ7」は大きな成果をあげることはできなかった。

▼合理主義建築展　「グループ7」が推進しようとした近代化運動の一つ合理主義建築運動(MIAR)は、未来主義建築の延長線上にあることを否定し、机上の理論ではなく、現実的な近代建築の実践を目標とした。一九二八年、第一回展覧会をファシスト建築家組合の活動として開催したが、結局ファシスト体制の内部ではこの運動を貫徹することはできなかった。

た。三九年彼は召集を受け、激戦地であったロシア戦線に送られた。一ファシスト兵士として戦ったが、戦場の体験は肉体的にも精神的にも彼を疲弊させた。故国に送還され、コモの病院で心の病を癒そうとしたが、苦悩から回復することはなく突然他界した。自殺とみる人もいる。四三年七月十九日だった。テラーニはもう眼前に迫っていたファシスト体制の崩壊を目にすることはできなかった。

ファシズムから離れて

彼の「死にいたる病」にファシズムにたいする拒絶をみることもできるが、その短い生涯はまさにファシスト政権の誕生から終焉《しゅうえん》にいたる二〇年間＝「イル・ヴェンテンニオ」と軌道を一つにしている。考えてみれば、建築は施主の意志を多かれ少なかれ尊重する。カトリシズムの体現者である教皇庁はある時期最大の施主であった。教皇庁と同じようにファシスト国家も最大の施主であった。一方は宗教的権力の象徴であり、他方は世俗的権力の象徴であるという違いがあったにすぎない。芸術は裕福なメセナを必要とする。建築の場合でいえば、メセナは施主である。したがってファシスト体制下にあっては、建築家はメセナであり、施主である国家の意志を拒否することはできなかった。国家を支えるイデオロギーと自己の表現のスタイルとをなんとか調和させようと建築家は考えた。教皇庁の依頼を受諾したミケランジェロが敬虔なカトリック教徒だったように、ファシスト国家に作品を提供したテラーニは忠実なファシストだったわけである。

建築史の泰斗ゼーヴィ▲によれば、テラーニのファシズムは「官僚の緩慢さを凌駕する能力を備え、最短期間に最良のものを選択する能力を備えたファシズムである。いい換えれば「汚れなき」ファシズム、つまり反迎合主義、反狂信的国家主義、反地方主義、反派閥主義といった神話的ファシズムである」(鵜沢隆訳)。もしテラーニがゼーヴィのいうようなファシストであれば、ほとんど「反ファシスト」であったといえる。生涯の果てに彼は「汚れなきファシズム」と「神話的ファシズム」とはまったく異なった「現実のファシズム」を知り、認識の能力を完全に失ってしまう錯乱状態に陥ってしまった。その結果自死への願いを心にいだいたと考えられる。活動の終わりにみせた反ファシスト

▼ブルーノ・ゼーヴィ(一九一八〜二〇〇〇)　建築家・建築史家・建築評論家。建築評論に健筆をふるい、イタリアの戦後建築の動向に大きな影響を与えたが、同時にテラーニのようなうもれていた建築家を発掘し、再評価するという業績も残した。『近代イタリア建築史』などの著書がある。

的兆候はピランデッロを想起させる。

合理主義建築

ファシスト体制の政策を支持する大衆の熱狂には説明不可能な要素があった。換言すれば、ファシズムには宗教的な現象を思わせる不合理な要素があった。ところが建築は合理主義を表面に掲げた。「グループ7」のメンバーは、いち早く『ラ・ラッセーニャ・イタリアーナ』という建築雑誌に合理主義建築を志向するという宣言を発表した。同時代のル・コルビュジエ▲、グロピウスなどの作品や理論に大きな影響を受けながら、イタリアの建築にモダニズムを植えつけようとした。「グループ7」はサンテリーアに代表される未来派建築の空想的なモダニズムは否定したが、ヨーロッパの建築に革新をもたらしていた、現実的なモダニズムを評価し、イタリアに導入しようとした。これはインターナショナリズムに接近しようとする運動であったのであるが、その前にたちはだかったのがナショナリズムであった。

先述したように、二六年二月に第一回「ノヴェチェント展▲」が開催され、保

▼**ル・コルビュジエ**（一八八七〜一九六五）　シャルル・エドゥアール・ジャヌレが本名。フランスの建築家・都市計画者。彼の建築理論は、イタリアの近代建築に大きな影響を与えた。一九四七年から五二年にかけて建てたマルセイユの集合住宅とロンシャンの教会が有名。

▼**ノヴェチェント**　「九〇〇年」の意味だが、「二十世紀の新しい芸術運動」の総称として使われた。美術評論家サルファッティはこの運動を興すことによって、美術家の結集と様式の統一を実現しようとした。体制のほうもこの運動を支持することによって、ファシズムの時代にふさわしい文化を創出しようとした。「ノヴェチェント」運動は、最初美術の領域で始まったが、しだいに建築、文学、音楽などの領域へと広がっていった。未来主義が過去の遺物を破壊することを標榜したのにたいし、「ノヴェチェント」は、過去の遺産を再評価する方向をめざした。

●—**アントーニオ・サンテリーア**（一八八八〜一九一六）　未来派の建築家。実際の建造物は建てなかったが、設計プランは数多く残した。未来派の画家たちは空中から地下にいたる新しい都市の創造を夢想した。この絵画的な都市計画から、近代的な建築の構想が生まれた。彼はその構想を机上で実現した若い建築家であったが、ほかの未来派とともに第一次大戦に志願し、戦死した。

●—**サンテリーア　共同住宅、三層道路上の屋根付歩道**（一九一四年）

●—**サンテリーア　教会のスケッチ**（一九一四年）

パガーノの設計した化学館　トリノの国際博覧会にて（一九二八年）。

▼ジュゼッペ・パガーノ（一八九六〜一九四五）　建築家。彼もファシスト体制下で二〇年間活動したが、結局ファシズムに絶望し、レジスタンス運動に参加するが、その結果ナチスに逮捕され、強制収容所で処刑された。

守化への動きが始まった。「伝統」重視という声がしきりに聞こえるようになった。「ノヴェチェント運動」の進行とともに、ファシスト・イデオロギーを基底にしたナショナルな様式の実現に向かって、芸術家たちは活動した。「伝統への回帰」、あるいは「ナショナルなものの評価」といった理念は、古代ローマやルネサンスの建築・美術を近代イタリア文化の内部に取り込むことであった。過去との断絶を宣言した未来派が排除されるのは理の当然だった。合理主義建築は「過去との断絶」は宣言しなかったが、伝統的な建築への回帰は認めなかった。むしろ視線はインターナショナルなものや同時代のヨーロッパ文化へと向けられていた。しかし「グループ7」はナショナリズムという壁を乗りこえることはできなかった。体制の内部で生きていくことを決意した。とはいえそれを拒否し、反ファシストの側に身を投じ、ドイツの強制捕虜収容所で処刑されたパガーノ▲のような合理主義派の建築家がいたという事実は記憶しておかねばなるまい。テラーニはパガーノには従わなかった。ファシスト国家の依頼を受け、そのイデオロギーにそった建築をつくり、プロジェクトを残していった。

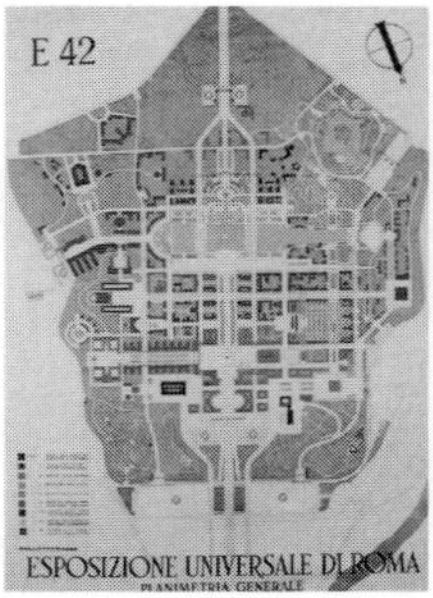

E42の会議場計画案

ファシズムを凌駕した建築家

ここでテラーニの設計した建築群のおもだったものを一瞥してみよう。ほかにファシスト国家の依頼はあったが、実現しなかったものがある。ファシスト党の本部としてムッソリーニが計画したリットーリオ宮の「計画案Ａ・Ｂ」はその一つである。「リットーリオ」はムッソリーニにとって古代ローマの隠喩であって、彼はこれをファシズムのシンボル・マークにした。ローマの中心部につくられた新しい「帝国通り」にリットーリオ宮は建設される予定だった。

もう一つは「Ｅ４２の会議場計画案」がある。一九四二年にローマで開催される予定だった万博を、ムッソリーニはファシスト政権成立二〇周年を祝う壮大な国家行事としようとした。この計画は三〇年代後半から検討され、建築プロジェクトのコンペにはテラーニも含め多くの建築家が参加した。最終的にはテラーニの計画案は採用されなかったが、新都市「エウル（ＥＵＲ）」の建設工事は着手された。地中海に面した古代都市オスティアと古都ローマの中間に新

▼マルチェッロ・ピアチェンティーニ（一八八一〜一九六〇）　建築家。古代ローマ帝国の建築様式を近代建築に導入することを主張して、ファシスト政府の受け入れるところとなった。その結果パガーノにとってかわって、新ローマEUR建設の主導権を握った。ファシスト建築家組合の機関紙『建築』を主宰した。

ピアチェンティーニ　トリノのローマ広場の構想（一九三五年）

しい「ファシスト都市」として「エウル」は出現するはずだった。総指揮をとった建築家は体制のイデオロギーに忠実であるピアチェンティーニ▲だった。パガーノとのあいだに激しい論争があった。テラーニも批判の側にまわった。ところが第二次大戦勃発で、建設は中断され、祝典も延期せざるをえなかった。その一部は現在も「エウル（ＥＵＲ）」と呼ばれ、近代的な外観をもった市街地として機能している。

たしかにテラーニはファシスト体制の文化政策にかなり関与したが、その短い生涯は建築そのものにたいする情熱にあふれていた。その情熱はファシスト期という時代をこえて、建築にたずさわる者をゆり動かしている。ただ「ファシスト国家に協力した建築家」ということだけで彼を闇に葬り去ることはできない。ゼーヴィはこういっている。「テラーニという建築言語遺産に立ち返って初めて、本質から民主的で有機的な建築にむかって前進できるのである」（鵜沢隆訳）。これはテラーニの再評価をあと押しするような言葉だった。

●—メトロポール・スイス・ホテル

●—戦没者慰霊碑

●—ノヴォコムン集合住宅

●—カーサ・デル・ファッショ(コモ)

●—サンテリーア幼稚園

●—カーサ・デル・ファッショ

テラーニの設計した建築群のおもだったもの

メトロポール・スイス・ホテル，ファサード改修（26〜27年，コモ）
戦没者慰霊碑（26〜32年，コモ）
ノヴォコムン集合住宅（27〜29年，コモ）
ファシスト革命記念展　22年の部屋（32年，ローマ）
カーサ・デル・ファッショ（28年，32〜36年，コモ）
サンテリーア幼稚園（34年，36〜37年，コモ）
カーサ・デル・ファッショ（37〜39年，ミラノ）

疎外をこえて

建築はファシズムの矛盾を露呈させた。ファシスト国家はイタリアの文化的伝統を重視し、結局は古代ローマを範とするという理念を掲げたが、その一方でモダニズムの導入をも心がけた。合理主義を標榜し、建築の近代化のために立ち上がった建築家たちは、やがて「伝統」の反撃を受け、国家の要求に従っていった。しかし合理主義にたいする配慮は決して忘れないようにした。建築のみならず、映画・演劇、音楽・美術も伝統的なかたちと近代的なかたちのあいだをゆれ動いた。多くの芸術家がこのあい反する二つのかたちを調和させようと努力した。

伝統的要素をたくみに近代建築の内部に表現したり、古代ローマのようなファシスト・モニュメントをつくった建築家は、調和に成功したとみなされたものであり、伝統的様式を批判し、別の方法でファシスト建築様式を模索した建築家は調和に失敗したとみなされたものである。前者の代表は、ムッソリーニに庇護され体制の建築家になったピアチェンティーニであり、後者の代表はこの建築家と決別しファシズムそのものを否定する地点にまで行ってしまったパガーノであった。テラーニはその中間にあって、選択を先送りし、ついに自己破産をよぎなくされてしまった建築家であった。

この三人の建築家はファシスト体制を生きた芸術家の類型を表徴している。もちろんイデオロギーを信じるという擬態を示しながら、たくみな戦略を駆使する者もいた。しかしなんらかのかたちで国家と関係をもった芸術家は、権力との距離を自ら設定しなければならなかった。近距離で活動した者、ある一定の距離をおいて活動した者、反権力へと転じた者という風に大きく分類できる。ファシスト体制崩壊後、その作品が超越的な価値を獲得していたり、ある種の先見性を内包していたりする芸術家がいた。いったい彼らは国家やイデオロギーとどうかかわっていたのか。「ファシズムと文化」を考察するとき、この問題は新たなる地平を切り開いてくれるだろう。

参考文献

ジョルジョ・アメンドラ（山崎功他訳）『反ファシズムの抵抗運動』合同出版　一九八三年
石田憲『地中海新ローマ帝国への道』東京大学出版会　一九九四年
井関正昭『未来派』形文社　二〇〇三年
ジャンフランコ・ヴェネ（柴野均訳）『ファシズム体制下のイタリア人の暮らし』白水社　一九九六年
鵜沢隆監修「ジュゼッペ・テラーニ」ＩＮＡＸ出版　一九九九年
ロマノ・ヴルピッタ『ムッソリーニ』（中公叢書）中央公論新社　二〇〇〇年
ウンベルト・エーコ（和田忠彦訳）『永遠のファシズム』岩波書店　一九九八年
片桐薫『グラムシ』リブロポート　一九九一年
マックス・ガロ『ムッソリーニの時代』文藝春秋社　一九八二年
ポール・ギショネ（長谷川公昭訳）『ムッソリーニとファシズム』白水社　一九九五年
北原敦『イタリア現代史研究』岩波書店　二〇〇二年
木村裕主『ムッソリーニを逮捕せよ』新潮社　一九八九年
桐生尚武『イタリア・ファシズムの生成と危機』御茶の水書房　二〇〇二年
ヴィクトリア・デ・グラツィア（豊下楢彦他訳）『柔らかいファシズム』（有斐閣選書）有斐閣　一九八九年
ブルーノ・ゼーヴィ編（鵜沢隆訳）『ジュゼッペ・テッラーニ』鹿島出版会　一九八三年

高橋進『イタリア・ファシズム体制の思想と構造』法律文化社　一九九七年
田之倉稔『イタリアのアヴァン・ギャルド』白水社　一九八一年
田之倉稔『ファシストを演じた人々』青土社　一九九〇年
田之倉稔『ダヌンツィオの楽園』白水社　二〇〇三年
ジグマンド・ノイマン（岩木健吉郎他訳）『大衆国家と独裁』みすず書房　一九八三年
濱田明他『モダニズム』思潮社　一九九四年
レンツォ・デ・フェリーチェ（藤沢道郎・本川誠二訳）『ファシズム論』平凡社　一九七三年
藤沢房俊『第三のローマ』新書館　二〇〇一年
藤沢道郎『ファシズムの誕生』中央公論社　一九八七年
G・プロカッチ（豊下楢彦訳）『イタリア人民の歴史』Ⅱ　未来社　一九八四年
ヴァルター・ベンヤミン（佐々木基一編集解説）『複製技術時代の芸術』晶文社　一九九六年
アンジェロ・デ・ボカ（高橋武智監修）『ムッソリーニの毒ガス』大月書店　二〇〇〇年
B・パルミーロ・ボスケージ（下村清訳）『ムッソリーニの戦い』新評論　一九九三年
ノルベルト・ボッビオ（馬場康雄他訳）『イタリア・イデオロギー』未来社　一九九三年
ジョルジョ・デ・マルキス（若桑みどり訳）『アヴァンギャルド芸術論』現代企画室　一九九一年
アンリ・ミッシェル（長谷川公昭訳）『ファシズム』白水社　一九九五年
森田鉄郎・重岡保郎著『イタリア現代史』（世界現代史22）山川出版社　一九七七年

ロベルト・ロッセリーニ（西村安弘訳）『私の方法』フィルムアート社　一九九七年

ロベルト・ロッセリーニ（矢島翠訳）『ロッセリーニの〈自伝に近く〉』朝日新聞社　一九九四年

「ＳＤ」８３０６号「特集＝イタリア合理主義」

Ruth Ben-Ghiat, *Fascist Modernities*, Los Angeles & London 2001

Mabel Berezin, *Making Fascist Self*, New York 1997

Rossana Bossaglia, *Sironi*, Nuoro 1992

R. J. B. Bosworth, *Mussolini*, London 2002

Enrico Crispolti, *Storia e Critica del Futurismo*, Roma & Bari 1986

Nick Crowson, *Facing Fascism*, London & New York 1997

Richard A. Etlin, *Modernism in Italian Architecture, 1890–1940*, Cambridge 1991

Andrew Hewitt, *Fascist Modernism*, Stanford, California 1993

Guglielmo Salotti, *Breve Storia del Fascismo*, Milano 1998

Umberto Silva, *Ideologia e Arte del Fascismo*, Milano 1973

Barbara Spackman, *Fascist Virilities*, Mineapolis & London 1996

Millicennt Marcus, *Italian Film in the Light of Neorealism*, Princeton 1986

Harvey Sachs, *Music in Fascist Italy*, New York & London 1988

Gian Franco Pedullà, *Il Teatro Italiano nel Tempo del Fascismo*, Bologna 1994

図版出典一覧

M. Argentieri, *L'occhio del Regime Informazione e Propaganda Nel Cinema del Fascismo,* Vallecchi, 1979 49, 52, 53, 54, 57
Arte Astratta Italiana 1909-1959, Roma, 1980 17中
A. G. Bragaglia, *Il Teatro Della Rivoluzione,* Roma, 1929 20
M. Carra, *Methaphysical Art,* London, 1971 17上右, 73
C. Casini, F. Cella, F. Coloni, G. Salvetti(Contributi), *Mascagni,* Milano, 1984 45
G. F. Chimirri, *D'annunzio e il Cinema Cabiria,* Firenze, 1986 51
L. Criscenti & G. D'Autilia(cura), Autobiografia di una nazione, Roma, 1999 33
R. de Felice & L. goglia, *Mussolini. Il mito,* Laterza, 1983 9, 11, 12, 66
F. Fiorani(ed.), *Storia Illustrata del Fascismo,* Firenze, 2000 5, 16, 43右, 左, 83
Gian-Francesco Malipiero / Jean-Pierre Ferey(Piano) (CD解説書) 28
G. Giudice, *Luigi Pirandello,* Torino, 1980 23, 24右
J. Horowitz, *Understanding Toscanini,* NewYork, 1987 37, 47
E. Mantero(cura), *Il Rezionalismo Italiano*(Serie di Architettera 17), Bologna, 1988 82, 84, 85中左
S. Masi & E. Lancia, *I Film di Roberto Rossellini,* Roma, 1987 58, 59, 60, 61, 62
Il Nonecento Italiano 1923/1933, Milano, 1983 71
Novecento, Arte e Storia in Italia, Roma, 2000 カバー表
G. Pampaloni & M. Verdone, *I Futuristi Italiani-immagini-biografie-notizie,* Firenze, 1977 17下, 70, 72, 81上
Pirandello L'uomo lo scrittore il teatrante, Milano, 1987 31
P.Ostellino, *Corriera della Sera 1876/1986,* Milano, 1986 24左, 27右, 41
L.Sciascia, *Pirandello dall' A alla Z,* Roma, 1986 27左, 29
S.Segalini, *La Scala,* Paris, 1989 39
Sironi 1885-1961, Milano, 1985 74, 75, 76右
B.Zevi(cura), *Guiseppe Terragni*(Serie di Architettura 7), Bologna, 1992 76左, 85上左, 上右, 中右, 下左, 下右
井関正昭『未来派　イタリア・ロシア・日本』形文堂　2003 14, 17上左, 19, 81中, 下
『名作オペラブックス 27　マスカーニ　カヴァレリア・ルスティカーナ, レオンカヴァルロ　道化師』音楽之友社　1989 40
WPS カバー裏, 扉

世界史リブレット78

ファシズムと文化《ぶんか》

2004年8月25日　1版1刷発行
2019年10月31日　1版4刷発行

著者：田之倉稔《たのくらみのる》

発行者：野澤伸平

装幀者：菊地信義

発行所：株式会社 山川出版社

〒101-0047　東京都千代田区内神田1-13-13
電話　03-3293-8131(営業)　8134(編集)
https://www.yamakawa.co.jp/
振替　00120-9-43993

印刷所：明和印刷株式会社

製本所：株式会社 ブロケード

© Minoru Tanokura 2004 Printed in Japan ISBN978-4-634-34780-9
造本には十分注意しておりますが，万一，
落丁本・乱丁本などがございましたら，小社営業部宛にお送りください。
送料小社負担にてお取り替えいたします。
定価はカバーに表示してあります。

世界史リブレット　第Ⅰ期［全56巻］

〈すべて既刊〉

1 都市国家の誕生
2 ポリス社会に生きる
3 古代ローマの市民社会
4 マニ教とゾロアスター教
5 ヒンドゥー教とインド社会
6 秦漢帝国へのアプローチ
7 東アジア文化圏の形成
8 中国の都市空間を読む
9 科挙と官僚制
10 西域文書からみた中国史
11 内陸アジア史の展開
12 歴史世界としての東南アジア
13 東アジアの「近世」
14 アフリカ史の意味
15 イスラームのとらえ方
16 イスラームの都市世界
17 イスラームの生活と技術
18 浴場から見たイスラーム文化
19 オスマン帝国の時代
20 中世の異端者たち
21 修道院にみるヨーロッパの心
22 東欧世界の成立
23 中世ヨーロッパの都市世界
24 中世ヨーロッパの農村世界
25 海の道と東西の出会い
26 ラテンアメリカの歴史
27 宗教改革とその時代
28 ルネサンス文化と科学
29 主権国家体制の成立
30 ハプスブルク帝国
31 宮廷文化と民衆文化
32 大陸国家アメリカの展開
33 フランス革命の社会史
34 ジェントルマンと科学
35 国民国家とナショナリズム
36 植物と市民の文化
37 イスラーム世界の危機と改革
38 イギリス支配とインド社会
39 東南アジアの中国人社会
40 帝国主義と世界の一体化
41 変容する近代東アジアの国際秩序
42 アジアのナショナリズム
43 朝鮮の近代
44 日本のアジア侵略
45 バルカンの民族主義
46 世紀末とベル・エポックの文化
47 二つの世界大戦
48 大衆消費社会の登場
49 ナチズムの時代
50 歴史としての核時代
51 現代中国政治を読む
52 中東和平への道
53 世界史のなかのマイノリティ
54 国際体制の展開
55 国際経済体制の再建から多極化へ
56 南北・南南問題

世界史リブレット　第Ⅱ期［全36巻］

〈すべて既刊〉

57 歴史意識の芽生えと歴史記述の始まり
58 ヨーロッパとイスラーム世界
59 スペインのユダヤ人
60 サハラが結ぶ南北交流
61 中国史のなかの諸民族
62 オアシス国家とキャラヴァン交易
63 中国の海商と海賊
64 ヨーロッパからみた太平洋
65 太平天国にみる異文化受容
66 日本人のアジア認識
67 朝鮮からみた華夷思想
68 東アジアの儒教と礼
69 現代イスラーム思想の源流
70 中央アジアのイスラーム
71 インドのヒンドゥーとムスリム
72 東南アジアの建国神話
73 地中海世界の都市と住居
74 啓蒙都市ウィーン
75 ドイツの労働者住宅
76 イスラームの美術工芸
77 バロック美術の成立
78 ファシズムと文化
79 オスマン帝国の近代と海軍
80 ヨーロッパの傭兵
81 近代技術と社会
82 近代医学の光と影
83 東ユーラシアの生態環境史
84 東南アジアの農村社会
85 イスラーム農書の世界
86 インド社会とカースト
87 中国史のなかの家族
88 啓蒙の世紀と文明観
89 女と男と子どもの近代
90 タバコが語る世界史
91 アメリカ史のなかの人種
92 歴史のなかのソ連